# 信息化背景下高校财务会计教学研究

马 睿 著

北京工业大学出版社

**图书在版编目（CIP）数据**

信息化背景下高校财务会计教学研究 / 马睿著 . —
北京 ：北京工业大学出版社，2021.9（2022.10 重印）
ISBN 978-7-5639-8152-6

Ⅰ．①信… Ⅱ．①马… Ⅲ．①财务会计－教学研究－
高等学校 Ⅳ．① F234.4

中国版本图书馆 CIP 数据核字（2021）第 201477 号

# 信息化背景下高校财务会计教学研究
XINXIHUA BEIJING XIA GAOXIAO CAIWU KUAIJI JIAOXUE YANJIU

**著　　者：**马　睿

**责任编辑：**吴秋明

**封面设计：**知更壹点

**出版发行：**北京工业大学出版社

　　　　　（北京市朝阳区平乐园 100 号　邮编：100124）

　　　　　010-67391722（传真）　bgdcbs@sina.com

**经销单位：**全国各地新华书店

**承印单位：**三河市元兴印务有限公司

**开　　本：**710 毫米 ×1000 毫米　1/16

**印　　张：**9.5

**字　　数：**190 千字

**版　　次：**2021 年 9 月第 1 版

**印　　次：**2022 年 10 月第 2 次印刷

**标准书号：**ISBN 978-7-5639-8152-6

**定　　价：**60.00 元

**作者简介**

　　马睿，女，1975年4月出生，湖北大学硕士。苏州工业园区服务外包职业学院高级审计师、会计专业带头人。担任苏州工业园区内部审计协会科研实务指导专家，任中国企业反舞弊联盟职业导师，并长期担任中审网校特聘教师，获得学员广泛好评。主要研究方向：财务管理、内部审计、风险管理。近年来主要讲授财务管理、现代企业财务审计、内部控制与风险管理、税法等。以第一作者在《审计研究》《财会通讯》《会计之友》等核心期刊上发表论文 6 篇，独立编著《从零开始做税务会计》，发表EI会议论文《面向移动设备的理财信息系统设计与实现》，参与编著《CAP国际注册反舞弊师考试指南与样题演练》，参与省级重点课题"民生审计"、市级重大软课题"民营企业人力资源管理"及多项横向课题。

# 前　言

随着社会的发展和科学技术的进步，我们已经进入信息化时代，互联网、电子商务、信息管理系统在企业管理和社会生活中得到了广泛应用。并且，不断发展的互联网技术给远程办公和业务监控、信息传播带来便捷，所以在会计行业中也得到了广泛使用。随着企业电算化会计软件的不断完善和ERP（企业资源计划）系统中财务管理模块的应用，会计作业完全信息化变成可能，且实现的步伐大大加快。在此背景下，高校财会专业的教育教学也要进行相应的改革与创新，要科学分析信息化时代的特征，了解当前财会教学所面临的困境，把握住互联网给教育行业带来的契机。同时要考虑学生的职业发展和学习需求，据此加强对教学理念、教学方法、教学实践策略的改革，争取提升高校财会教学的实效性，为培养能够适应信息化时代发展的高素质会计人才做出贡献，同时推动社会信息化的进程。

本书共五章。第一章为高校财务会计教学，主要对会计理论概述、高校财务会计教学的影响因素及应做出的相应调整、高校财务会计教学的现状及问题、高校财务会计课程建设、高校财务会计教学实践策略展开介绍；第二章为信息化时代的财务会计教学，主要说明信息化的概念和特征、信息化时代财务会计的发展、信息化对传统教育的影响、信息化时代财务会计教学产生的新变化；第三章为信息化背景下财务会计教学创新，内容包括信息化给财会教学带来的机遇和挑战、信息化背景下高校财会人才培养以及信息化背景下高校财会教学改革；第四章为信息化背景下高校财会现代教育技术，内容包括现代教育技术及其信息化发展概述、"互联网+"与现代教育、信息化教学、高校财会教学中现代技术应用案例；第五章为新形势下高校财务会计课程改革，主要说明新形势下高校财会教学面临的困境、高校财务会计课程改革的重要性和方向、高校财务会计课程改革的思路与途径。

　　在撰写本书的过程中，我得到了许多专家学者的帮助和指导，参考了大量的学术文献，在此表示真诚的感谢。本书内容系统全面，论述条理清晰、深入浅出，但由于我写作水平有限，书中难免会有不足之处，希望广大同行和读者予以指正。

# 目　录

# 第一章　高校财务会计教学

本章主题为高校财务会计教学，第一节为会计理论概述；第二节为高校财务会计教学的影响因素及应做出的相应调整；第三节为高校财务会计教学的现状及问题；第四节为高校财务会计课程建设；第五节为高校财务会计教学实践策略。

## 第一节　会计理论概述

### 一、会计理论的溯源

会计，不论作为一种管理工具，还是一种信息系统，从某种意义上说其产生的根源在于产权理论的出现。传统簿记也叫作流水账，其与会计有着本质的区别，最大的区别即为权属问题。早在我国西周时代就已产生了两权分离的政府会计，《周礼》中记载了由天官大宰、宰夫、小宰等负责记载、保管、核算国家钱财的财务制度——财计官制。

在现代社会中，公司组织形式的出现对会计理论的产生和发展有着巨大的推动作用。最早成立的公司可能在英国，当时一些商人在某海域发现了大量石油矿藏，但缺乏资金进行开采生产，为了满足其大量的资本需求，当时采取的方法是任何个人可以出资购买份额进行投资，公司运营获得利润之后进行分配，于是形成了某种意义上的股份制，即马克思所说的资本集中。但资本的集中需要规则，每个人投入资本必须获得相应的分配，必须形成基本的权益规则，以明确的确认计量规则为前提，这促使了基本会计理论的形成。到后来，公司发展到一定规模，新的问题出现，资本集中带来的直接后果是资本权属不同，使得一些股东开始质疑会计的计量方法是否准确、是否得到大家的公认，公司财务信息是否真实等，这推动了社会审计理论的出现。之后关于成本的确定、节约、规模效应、收入和成本的配比等一系列专业的会计理论问题出现，如成本会计理论、收入实现理论、权责发生理论、折旧理论等，直至发展成为今天的科学管理理论等，从而完成了由簿记学到会计学的转变。

## 二、国内外对会计理论的不同观点

### （一）西方学者观点

1940年，美国著名会计学家威廉·佩顿（William Paton）和亚拿尼亚·利特尔顿（Ananias Littleton）在他们合著的《公司会计准则导论》中提出会计理论"被视为一个连贯、协调、内在一致的理论体系，并且如果需要的话，这一理论体系可以归结为准则的形式表达出来"。

1953年，利特尔顿在其名著《会计理论结构》中指出，"会计不仅仅是技术方法的集合，而且是一个严密组织的学科，其中的所有部分都是相互支持的"。

1966年，美国会计学会（American Accounting Association，简称AAA）在其发布的一份研究报告《基本会计理论》中指出，会计理论是"前后一致地将假定的、概念上的和实用的诸原则结合在一起，以构成某一研究领域基本参照架的原则"。

1978—1985年间，美国财务会计准则委员会（Financial Accounting Standards Board，简称FASB）在所发布的《财务会计概念公告》（Statements of Financial Accounting Concepts，简称SFAC）中提出将相互关联的目标和基本概念所组成的逻辑一致的体系视为会计理论。

2004年，亨利·沃尔克（Henry Volcker）等所著的《会计理论》第六版中提出，会计理论是"用于起草会计准则的基本规则、定义、原则和概念，以及它们的由来。站在实用主义的角度，会计理论的目的旨在改进财务会计和财务报告"。

### （二）国内学者观点

娄尔行教授提出，会计理论是会计实践的抽象，是会计实践上升到理论认识高度的抽象。

阎达五教授提出，会计理论可以说是人类积累起来的关于会计实践的理性认识，它应当完整地、准确地回答如何认识会计工作和如何做好会计工作两个方面的问题。

　　吴水澎教授提出，会计理论是人们在长期会计实践的基础上，经过思维的运动，产生的关于会计的理性认识。

　　综上观点，我们认为可以把会计理论的概念简单归纳成如下四个词语：抽象、规律、解释、预测。换言之，就是把会计理论从实践中抽象出来，形成完整的、系统的规律，以解释实务中出现的各种客观现象，并对未来做出合理预测，以指导人们更好地进行生产经营活动，即会计理论来源于实践，又反过来指导实践，是实践的系统化、抽象化。

　　需要进行说明的是，既然会计理论是从实践中抽象出来进行的概括，就必然存在假设的前提，这与前文中要求理论必须具有客观性存在一定矛盾，如持续经营假设，是指如果不存在明显的反证，一般都认为企业将无限期地经营下去，即会计主体在今后可预见的一段时期不存在清算与破产的可能。但这只是每个企业的期望，并不容易达到，据统计，我国民营企业的寿命一般只有2～8年，因此在这里我们把包括持续经营在内的四大假设作为会计中的公理，而无须探求其是否真正与客观一致。

## 三、会计理论的分类

　　按照会计理论的作用分类，包括结构性会计理论、解释性会计理论和行为会计理论。

　　按照会计理论涉及的学科分类，包括财务会计理论、管理会计理论和审计会计理论。

　　按照会计理论自身的内容分类，包括会计基础理论、会计应用理论和会计发展理论。

　　按照会计理论建立的方法分类，包括描述性会计理论、规范会计理论、实证会计理论三个部分。

　　最后一种分类方式是目前比较常见的，尤其是对于实证会计理论，自我国会计学界于20世纪80年代中后期开始接触实证研究方法后，会计理论工作者开始将实证研究方法应用于会计学研究的各个层面并取得了一定进展。在研究内容上，我国实证会计理论的研究主要涉及五个领域：一是财务会计，包括对会计信息含量、会计政策选择的经济后果、会计信息的价值相关性、会计差异和特殊会计业务等的研究，以及财务管理，包括对盈余管理、股利政策、融资与资本结构、财务危机预警、公司治理、绩效评价等的研究；二是管理会计，包括对内部控制、预算管理、成本管理等的研究；三是审计，包括对会计服务市场、审计意见、审计收费、会计师事务所管理体制等的研究；四是资本市场，主要包括对资本市场有效性检验的研究；五是其他会计问题。

# 第二节　高校财务会计教学的影响因素及应做出的相应调整

## 一、影响因素

### （一）面临全球经济一体化

全球经济一体化将是21世纪世界经济的发展趋势。作为经济一体化的一个极为重要的方面，资本市场的全球化必然要削弱国与国之间的市场边界，从而为跨国公司的成长提供优良的土壤。随着金融市场一体化格局的形成，跨国融资和投资在资本流动总额中的比重日趋上升，国家间会计差异产生的后果必然是加剧信息的不对称。我国政府会计管理部门已认识到了本国会计制度与国际惯例相协调的问题，并在政策制定中有所体现。

### （二）走进知识经济时代

21世纪是知识经济时代，经济的发展和社会的进步将依赖于知识的积累和人们对有效信息的运用，依赖于人的智慧和创新。知识经济对会计的影响具体表现在以下方面。

第一，产品的知识化、资产的无形化。以知识经济为导源的无形资产的确认、计量和披露，给以有形资产未确认的对象、以历史成本为计量基础的传统会计的确认、计量、记录、报告方法带来极大的冲击，会计处理变得更加灵活，会计的选择空间更大。这就要求会计人员具备较高的判断、分析与抉择的能力。

第二，生产的知识化。高新技术生产的蓬勃发展使得生产组织与管理不断创新，加大了企业生产的不确定性，从而带来会计工作的多变性和多样化，对会计人员综合控制能力的要求越来越高。

第三，产业的知识化。企业的不断创新，企业中的新业务、新情况和新问题大量涌现，使得会计处理和会计规则经常处于变动和更新之中。

第四，会计控制的客体发生了变化。资源的无形化对会计控制提出了新的要求，无形资源的转移可能导致商业秘密的丢失。

第五，会计环境复杂多变，会计理论和方法不断更新，学生必须具备自学能力和创新能力，才能不断汲取新知识，解决实际工作中遇到的新问题。针对这些变化、不确定性和风险，一个会计人员只有不断吸收新知识，掌握新的会计方法，学会各种控制风险的技术和手段，才能在新的环境中立足。

### （三）走进信息技术时代

信息技术的发展将冲击传统的财务会计理论，改变现有的财务会计报告模型。在原始数据输入、信息加工、信息输出三个环节中，手工信息加工模式下最大的问题是信息处理效率低、速度慢，一套信息系统无法容纳两类信息的处理。以计算机为依托的会计信息系统强大的运算能力和数据分拣能力解决了这一问题，信息加工过程能够同时生成财务会计信息和管理会计信息，从而使输出的信息能满足不同使用者的需要。信息技术的发展将会带来财务会计与管理会计由分到合的趋势。

### （四）面临经济体制改革

知识经济和信息技术是影响会计的技术因素，经济体制则影响会计政策的制定和国家宏观会计的监管措施。企业界和会计理论界着重于技术因素，比如如何解决知识经济带来的企业竞争优势和财务会计确认与计量模式的矛盾、如何利用信息技术增强会计信息在决策中的作用等；政府部门在会计规范制定和会计监督过程中更加考虑会计规范与其他相关法规的相承性以及与经济体制的匹配度。从1978年经济体制改革以来中国会计的演进过程看，经济体制确实是贯穿其中的主线，无论是1992年新会计制度的出台、股份有限公司会计制度的实施还是具体会计准则的颁布，都是在经济体制改革的推动下进行的。从学术界这几年的研究来看，在从技术角度研究会计、介绍西方会计研究成果方面的成绩是显著的，但在着眼于中国经济体制进行会计管理体制研究以及会计理论与方法研究方面则显得不足。

## 二、需做出的相应调整

随着经济活动对知识的依赖性不断加深，生产日益知识化。知识作为与劳动和资本并列的第三个生产要素，发挥着愈来愈大的作用。知识经济给会计工作和会计教育带来了巨大的冲击和影响。因此，我国的会计教育只有及时做出相应的调整，才能适应知识经济发展的要求。这种调整应体现在下面四个"转向"上。

## （一）教育基地向企业转向

大量事实表明，以工作为基础的培训比以学校为基础的学习更加有效，教育基地的重心在未来应逐步向企业转移。在国外，公司都有人力资源部，负责企业人力资源的挑选、培训、考评与管理；在培训中，既注重对职工现有工作能力的培训，还注重对职工未来工作能力的开发。在现有工作能力培训中，包括技术、取向和文化三个方面。我国一些企业出于短期利益的考虑，根本没有把职工培训纳入管理的范畴，这种短视行为必然会制约企业的长远发展。企业竞争说到底是人才的竞争，而在知识经济时代，人才的概念是动态的，一个人才如果不及时更新知识，很快也会变成庸才。而企业正是人才知识更新的重要场所。因此，企业必须成立相应的人力资源管理部门，编制系统的人才培训计划，每年有固定的培训支出预算，制定有效的培训考核与激励制度。同时，人才培训与人才开发要相结合，只有既注重人才的培训，又注重人才的开发，才能保证企业人才之树常青。

## （二）教育目标转向综合能力

知识经济和全球经济一体化促使经济增长方式转变，而经济增长方式的转变根本在于大力开发人力资源，提高劳动者的素质和技能。信息技术进步给企业管理模式和会计流程带来革新，利用信息技术的前沿成果进行会计模式创新，使会计向管理型转化，并能结合管理模式的变化对新技术环境中的内部控制不断创新是当今会计人员的责任，也是管理型会计人才应具备的素质。因此，大学会计教育目标定位必须以市场为导向，确立具有前瞻性、层次性和可操作性的会计教育目标，培养具有坚实的基本素质和专业素质，良好的职业道德修养和心理、身体素质，有较强的自学能力和创新能力的管理型会计人才。随着会计处理的自动化，会计人员的职能将会极大地拓展，从单纯的记账、报账发展到成本控制、资本预算、营运资本管理、风险控制、业绩考核与评价、战略管理、跨国投资决策、跨国营运资本管理等，会计人员的主要职能将会集中到报表的分析与预测、会计的控制与决策上来。这就要求会计人员有较强的综合控制能力，因此，我国会计教育必须向以提高学生综合能力的方向转变，使学生的能力得到全方位的发展。

## （三）组织实施向终身教育转向

在农业经济时代，学习通常由教会、私塾或者家庭来主持，主要针对7岁至14岁的孩子，所学的知识足以应付一生的工作需要。在工业经济时代，学习由政府或民间团体组织，学生年龄在5岁至22岁之间，所学的知识再加上一定的职业技能训练，基本上也能满足生活和工作的需要。而在知识经济时代，技术变革的快速步伐和知识淘汰的加速，意味着必须经常性地进行学习，并且在一个人的职业生涯中教育内容也必须时时更新。今天，知识的更新速度极快，在某些学科领域，学生进入大学第一年所学的知识到他们毕业时有的已经过时。如果说，在农业或工业时代，不认识字是文盲的话，那么，到了知识经济时代，不会再学习的人就会成为现代文盲，并将被这个时代所淘汰。美国会计教育改进委员会（AECC）在其第一号公报中就强调，学校会计教学的目的不在于训练学生在毕业时即成为一个专业人员，而在于培养他们未来成为一个专业人员应有的素质。大学会计教育最重要的目标是教导学生独立学习的素质，提供学生终生学习的基础，使他们在毕业后能够以独立自我的精神持续地学习新的知识。因此，终生独立自学能力，就成为会计专业人员生存与成功的必备条件。这种终生学习除了学校的正规学历教育外，对在职会计人员的继续教育将会成为我国教育改革的一个重要方面。建立和完善会计教育各级培训体系和网络，加强在职会计人员的继续教育，应该成为我国会计教育改革的一个重要议题，要引起社会各界的重视。会计继续教育是一个系统工程，从外部环境来看，我国政府需要为继续教育立法，在法律中规定职工进修的相关事宜，使职工有接受继续教育的时间，并像法定劳动时间和节假日一样受法律保护，以保障职工接受继续教育的基本权利。从内部环境来看，企业要把职工的继续教育制度化、组织化、经常化，使职工有条件不断地学习、更新知识。

### （四）教育重心转向素质教育

目前，我国的教育90%以上都是由学校完成的，同国外健全的企业培训体系相比，我国很多企业在这一点上几乎是空白的。有的大企业设有相应的机构，但人、财、物的投入都很少，更多的是流于一种形式。要改革现行的会计教育体制，首要的问题是要将会计教育的重心转向对学生的素质教育。所谓素质教育，就是学生通过学习，所获得的不是教条的知识，而是一种真正的能力。这种能力包括四个层次：第一是有效的听、说、读、写的基本能力，即基本的阅读与交流能力，这种能力可以通过学校教育完成，这是终生学习的基础和前提；第二是理解和掌握新知识的能力，即自学能力，对一些基本的职业新知识，要能通过自身的学习进行更新；第三是搜集、获取、提炼信息的能力，在纷繁复杂的信息世界中，要能通过有效的方式，高效地查阅、提炼、组织有用的信息，在不熟悉的环境中认清、解决问题，依据某些不确定的事实做出判断；第四是组织、协调、沟通的能力，知识的专业化分工将越来越细，同时对协作的要求也越来越高，人们必须从其他人的工作中学到知识，在与其他人的协作中共同完成团队的目标。素质教育的中心是提高劳动者的综合素质，就会计专业而言，面对信息技术的发展和网络技术的逐步普及所引起的会计工作重心的变化，高素质的会计人才应该具备会计信息的职业判断能力和知识的自我更新能力。

会计专业学生的素质教育应在提高教师素质、改变专业划分过细的基础上，完善课程体系、改变教学方法和教学手段。

# 第三节　高校财务会计教学的现状及问题

## 一、高校财务会计教学的现状

### （一）从课程体系来说

一般财务会计被分为初级财务会计、中级财务会计和高级财务会计三门课程，而这三门课程在内容上又没有统一的认识，存在相互交叉重复。例如，会计要素、会计核算的基本前提、会计信息质量要求、财务会计报告等基本理论内容在三门课程中都有涉及，且基本内容差异不大。又如非货币性交易，在实务中已是常见业务，应放在中级财务会计中讲述，而不是高级财务会计。

### （二）从教学目标来说

在大多数高校中，不但会计专业开设了财务会计课程，而且很多经济管理类非会计专业也开设了该课程。会计专业和非会计专业的人才培养目标肯定不同，基于不同的人才培养目标，课程设置往往也不一样。因此，课程教学应结合专业人才培养目标而有所不同。但现实情况是，几乎所有非会计专业的财务会计课程都是由会计专业教师来讲授的，而绝大多数会计专业教师基于习惯，或者可能为了图省事，避免重复备课，通常按照给会计专业学生上课的教材及思路来给非会计专业学生讲解。然而，非会计专业的教学课时往往相对较少，学生普遍也不太重视，这种偏重于实务的讲授、复杂的账户对应关系容易引起学生的抵触情绪。这种不考虑教学对象的特点而"一视同仁"的做法，是没有明确教学目标的突出表现，其后果必然是使教学效果大打折扣。

### （三）从课程内容来说

大多数财务会计课程的内容都是按照会计要素分类设置的。但在实际工作中，一笔经济业务可能涉及多个会计要素的确认和计量，这就造成同一笔经济业务在不同的章节体系中重复出现，必将造成课程容量的虚增和教学内容的混乱。例如，现金折扣的处理至少会在资产中的应收账款，以及商品销售收入中重复出现，既浪费了时间，又可能会使学生感觉厌烦。另外，还有一些内容是对某一类或全部会计业务的总体描述，在结构上是一个整体，是不宜进行条块拆分的，但现有的教材往往将这些内容硬生生地拆开。例如，非货币性交易本是一个完整的内容，但在现有的中级财务会计教材中往往将其内容分割开来，涉及了就顺便提一句，给人一种不痛不痒的感觉，提了又不讲，讲了又讲不清楚，人为增大了教学难度。又如，关于资产减值问题，中级财务会计也往往将其分散于各项资产业务处理中。实际上，资产减值业务是资产期末处理计价方法的具体应用，应当集中加以比较论述，这样既能在教与学的过程中进行系统、直观的对比，又可以帮助学生加强对知识的理解与掌握。

### （四）从教学重点来说

会计专业和非会计专业的人才培养目标不同，教学目标也不一样，教学重点当然也应有所区别。由于财务会计是一门实务操作性很强的课程，会计专业学生要胜任会计工作岗位的需要，能动手正确核算企业日常的经济业务及完成会计报表的编制和分析，因此，应侧重于会计实务操作能力的培养。而非会计专业学生并不是主要从事会计工作，而是作为某种会计信息使用者来利用会计信息进行经济决策，因此，会计实务处理的能力可以要求低一些，不必要求学生必须会编制相关会计分录和会计报表，只需要对相关经济业务的会计处理了解即可，而应侧重于会计报表的分析和运用。

### （五）从课程实训来说

财务会计理论与实训的设置在教学过程中往往表现为"两头小、中间大"。初级财务会计部分原理、概念描述过多，而实务操作内容简单、数量较少；而中级财务会计的内容和难度急剧增加，学生难以适应。高级财务会计本应体现专业理论与实务的高度统一，但实际上，该部分内容往往是对初级、中级理论与实务内容的重复描述，出现重实务、轻理论的现象，有高级会计实务之嫌。

另外，专就实训环节而言，现在大多数实训教材是按照实际工作中的岗位分工来设置的，与实际工作的联系比较紧密。但作为学生教材而言，这样组织实训环节不太合理。由于某一个工作岗位涉及的内容比较多，在教学过程中有些内容可能已经讲过，但还有一些内容可能还没有讲到，教师在布置实训作业时就不太好组织，只能是讲过的先做，没讲的后做，这样完全达不到按照工作岗位实训的目的。例如，货币资金核算岗位涉及资金的筹集，有负债筹资和权益筹资，这些要在后面的负债和所有者权益中具体讲述相关业务的处理，但是大多数实训教材却将这部分内容安排在最前面，存在一定的不合理性。

## 二、高校财务会计教学存在的主要问题

### （一）教学规划不科学

目前高校财会教学中出现的较为突出的问题其中一个就是教学规划缺乏完整性教学体系缺乏合理性。近年来，由于高校对财务会计专业进行大范围扩招而对应的教师队伍没有得到适当的补充，导致原有师资力量无法应对扩招后的学生数量，教学规划的完整性出现纰漏，教学体系出现不合理现象，进而整体教学水准和质量随之下降。同时，很多高校的财务会计教学处于应试教育状态对实践性教学较为忽视，且未设置明确的实践课程标准。而实践性教学是培养和锻炼学生财务会计专业技能的主要环节，由于缺乏明确的实践课程标准，导致课程设计目的、会计人才培养目标及市场需求之间出现偏差，不利于应用型专业会计人员的培养。

### （二）教学模式无新意

目前高校财会教学中出现的主要问题就是传统教学模式的枯燥和单调。相比其他学科，财务会计的理论知识内容众多且单调，学生学习起来本来已较为困难，此时，若教师还采用枯燥单调的传统教学模式，根本无法调动学生学习的兴趣，学生只能被强行灌输各种理论知识。这样做学生不仅无法深刻记忆财务会计的专业知识，导致理论知识缺乏，而且对理论知识的理解还会仅停留于浅层次。在实际工作中，想要真正运用理论知识去分析和解决出现的问题就更难了，而且减少了学生锻炼和熟悉专业知识的机会。尤其企业会计准则还处于不断的变化中，在这种情况下，如果继续采用枯燥、单调的传统教学模式，必然会导致学生的知识学习处于落后状况，不利于学生就业。

### （三）教师队伍缺经验

目前高校财会教学中一个较为关键的问题就是，教师团队往往缺乏企业实操经验。教师是教育事业的关键人物，其能力的强弱、经验的多少都会直接决定课堂教学的效果。作为财务会计专业的老师，不仅需要掌握丰富的会计理论知识，还需要

拥有大量的实际操作经验以便培养出具有较强实践能力的会计人才。然而，很多教师其实从高校毕业后就直接选择从事教育行业。或许作为学生，他们十分优秀，拥有扎实的会计理论知识。但是，要论作为老师他们还缺乏企业的实操经验，对企业内部财务会计的实际操作流程了解平平。这样，如果由他们来教授学生，将不利于培养应用型财务会计人才。因此，应多多安排教师去企业或者会计师事务所参与实践工作，提高他们的实际操作能力，进而提高会计教学的效果。

**（四）理论实践未结合**

财务会计是一门实践性很强的课程，但由于种种原因，安排学生到企业进行实践活动越来越难。虽然高校一般都有配套的课程实训安排，但实训与实践还是有很大区别的。实践环节薄弱，学生就会缺乏感性认识，动手能力差，很难将理论知识与实际工作很好地结合。

**（五）考核体系不合理**

目前高校财务会计教学中存在的最后一个问题便是考核体系的不合理。作为教学的最后一个环节，考核不仅反映了学生对知识的掌握情况，还反映了教师一个学年的教学情况。财务会计专业作为实践性较强的专业，应拥有一套独立的考核体系，以真实地反映出学生的知识掌握情况和实践能力。当下，高校财务会计课程的考核方式过于单一，仅能部分反映学生的理论知识掌握情况，远达不到预想的考核效果。学生只为应付考试而学习，即只学画了重点的理论知识。这样就会导致学生在整体理论知识的掌握情况和实际运用能力的把握方面均存在欠缺，即使将来毕业了，也达不到社会的要求。

# 第四节　高校财务会计课程建设

## 一、国内外财会课程建设的历史沿革

### （一）我国财会课程建设

1905年，从事外交工作又熟悉商业活动的蔡锡勇出版了中国第一部专门论会计的著作《连环账谱》。1907年，留学日本并获得商学学士学位的谢霖和孟森联合出版了《银行簿记学》。这两部书使蔡锡勇和谢霖成为我国会计学术界的鼻祖、财会教育的先行者。之后,徐永祚、潘序伦两位大师又在20世纪三四十年代创立了两套会计课程体系:一套是改良型课程体系;另一套是引进西方型课程体系。这两套会计课程体系对我国财会教育事业具有重大的先行意义,对财会人才培养做出了重大贡献。

新中国成立伊始,会计学术界通过阶级性的讨论,掀起了会计教育思想的第一次解放,即顺应计划经济体制的需要,借鉴苏联模式,学习苏联经验,翻译苏联教材,在中国人民大学试点开设四门会计课程:会计核算原理、工业会计、工业企业经济活动分析、行业财务管理。通过引进苏联的财会教材,对20世纪50年代我国会计专业的建设起了决定性作用,正是利用这套教材,我们培养了新中国第一批会计人才。但苏联会计是按照货币计价账户,运用复式记账、成本计算、定期盘存和定期汇总等一套方法来进行的(直到20世纪80年代,苏联会计一直沿袭这种模式),这套做法实际上只相当于西方国家的簿记工作,它的目的就是做到账实相符,并以此编制报表;它一贯忽略估价,并错把簿记报表当作真实可信的会计报表;它一贯把企业当作一个生产单位、一个成本中心,忽视对利润的核算和管理。正是由于这套会计模式的局限,才导致我们当时面临工商企业的一摊烂账,面临会计信息的严重失真。

从1956年开始,我国学者提出了资金运动学说,倡导以资金运动的观点来建立复式记账原理和会计核算原理,于是就有了结合中国实际情况的财会专业教材。例如,高等财经院校会计教材编写组集体编写的《会计原理》一书,就较全面地反映了这方面的研究成果,这本教科书从1963年出版,历经几十年,发行数百万册,培养了一批又一批的会计人才。由厦门大学编写的《会计原理》和中国人民大学编写的《工业会计》《工业企业经济活动分析》《工业企业财务管理》等书籍,也都吸收了我国学者的研究成果,为这一时期的财会人才培养和会计实践发展做出了积极的贡献。按照资金运动的观点建立的教材体系,虽有很多特色,但仍未抓住会计的本质,因而反映不出会计因时代不同而不断发展演变的特点,削弱了会计在发展社会主义生产力中的作用。

党的十一届三中全会以后,伴随着新的会计思想解放运动的开展,财会教育和财会教材建设也进入了一个改革和发展的新阶段。首先是开始将西方大学财会专业教学课程引入我国的财会本科教育,如西方财务会计、西方管理会计、西方审计、会计电算化、国际会计、涉外会计等。1983年,财政部确定以中南财经大学(原湖北财经学院)和上海财经大学(原上海财经学院)为财会专业课程改革试点学校，推出两套会计课程体系。中南财经大学的财会专业课程以会计学原理、企业会计、企业成本、企业财务、管理会计、审计学为核心课程；上海财经大学的财会专业课程以基础会计、财务会计、成本会计、管理会计、审计学为核心课程。它们各自的培养目标略有不同，但两套课程体系都吸收了20世纪80年代前对会计阶级性、会计本质、会计职能、会计对象、会计原则、会计定义等方面的研究成果，摒弃了陈旧的按行业建立会计学科的内容，立足改革，勇于创新，在实际教学过程中收到了较好的效果，培养了大批合格的财会人才。1988年，中国会计学会成立了会计教育改革研究组，葛家澍教授任组长。该研究组重点研究了我国财会教育的状况，研究了与社会主义市场经济相适应的财会专业培养目标、财会专业设置、财会专业课程结构与学科体系、财会专业教材建设、会计师资队伍建设等方面的问题，提出了许多具有指导意义的建议。1994年，我国部分高校开设了注册会计师专门化专业，设计了财务会计、高级财务会计、成本管理会计、财务管理、审计管理咨询等主干课程。也就是在这一时期，各高等院校的会计学院或会计系都对其原先不规范的课程体系进行了改革，形成了以会计学原理、中级财务会计、高级财务会计、成本会计、管理会计、财务管理、审计为核心课程的新体系。

　　虽然我国在财会专业课程体系建设上取得了重大进展，初步实现了由"记账报账型会计"向"计划控制型会计"的转变，但由于在处理建立中国特色会计和向国际会计惯例靠拢这一重大关系上，思想不够解放，认识不够进步，因而对国际范围内的财会改革经验，特别是财会教育改革的经验未能及时的引进、学习、消化和吸收，因而导致课程体系和教材体系中的内容存在不少严重问题。比如：内容达不到专业教育目标的要求；财会教材内容缺乏超前性和先进性，严重地滞后于轰轰烈烈的会计实践；财会教育仅注重知识的传授，不注重能力的培养；财会教育长期忽视职业道德教育等。1989年，著名会计思想家、会计教育学家杨时展教授就指出，"中国会计的现代化，只能顺从于一个唯一的目的，即发展中国的社会主义生产力，我们不能不问中国的国情，不问是否为发展中国社会生产力所需，对国外的东西一切照搬，也不能不问对中国是否有用，只要是西方的东西，就从思想上一概排斥、一概反对。中国会计的现代化，首先要求会计理论界有一个现代化的头脑和紧迫感，有一个明确的生产力意识"。

## （二）国外财会课程建设

　　就在我们不断地倡导和推进财会教育改革、完善财会教材内容和体系的同时，发达国家已经或正在做出力度更大、影响更为深远的财会教育改革和创新。就美国而言，1984年，美国会计学会成立了未来会计教育改革组；1989年，成立了会计教育改革委员会，发布了多份委员会立场报告。杨百翰大学、伊利诺斯大学、密歇根大学、宾夕法尼亚大学、南加州大学、芝加哥大学、斯坦福大学、哈佛大学等知名学府纷纷响应美国会计学会的号召，对财会课程体系进行了大胆的改革试验，取得了很好的效果。

杨百翰大学会计系从交易循环审计的实践中体会到了这种审计模式的真谛，然后将其移植到会计课程改革中，设计出会计课程新体系，即将以往独立设置的中级会计、成本会计、管理会计、税务会计、审计、会计信息系统等融合成一个综合的24学分的核心课程，以培养出具有高度综合能力的会计人才。这里的"高度综合能力"包括：书面表达能力，口头表达能力，良好的倾听能力，团队沟通与合作能力，解决冲突的能力，组织和分派工作的能力，解决分散和无序问题的能力，阅读、评论和判断能力，有效利用时间和缓解压力的能力等。杨百翰大学会计系把24学分核心课程分为四个阶段，前10周讲授基础原理，之后分成销售与收款、购货与付款、工薪与业绩评价、结转与存货、融资等五个交易循环分别讲授。

伊利诺斯大学会计系认为会计是一个信息系统，因而当按会计信息的生成、利用及控制来设计财会专业课程新体系，包括：会计与注册会计师（Ⅰ）、会计与注册会计师（Ⅱ）、会计计量及其结果、注册会计师决策、会计组织及其规则、会计控制系统、承诺与鉴证、财务报告准则、税收制度与税收规则、审计准则与审计实务、公营部门会计、国际会计、会计制度设计、简明信息控制系统、管理信息与控制系统、信息控制系统的组织与开发等。

杨百翰大学和伊利诺斯大学的财会专业课程体系改革给我们以一种全新的思路，它更多地强调以信息运行的规律或经济业务的流程来设计课程，强调财会专业课程的逻辑性和内在一致性，强调会计与整个管理和业务工作的融合，强调财会教育改革的科学化和大系统观。从本质上说，它强调会计对受托财务责任与受托管理责任的计量和报告，强调对综合受托责任的计量和报告。

不仅大学和学会在推进财会教育改革，作为人才需求方的会计师事务所也积极地参与改革，1989年，当时的国际"八大"（八大会计师事务所）就发布了一份关于会计教育展望的研究报告，对财会教育目标、教学内容和教学方式提出了一系列的改革意见。财会人才的供求双方同时关注和参与改革，预示着21世纪财会教育的时代特征将更为明显，会计将会更为主动地去计划和控制企业和社会的发展。

就我国目前财会课程体系和财会教材体系建设的情况看，其与发达国家的财会课程体系和财会教材体系建设相比，与发展中国社会生产力、发展中国社会主义市场经济、适应经济全球化等要求相比，与科教兴国、建立创新机制、培养创新人才的目标相比都有较大差距。因此，下大力气改革财会课程和教材体系是摆在我们面前的一项刻不容缓的重要任务。要做好这项工作，一方面必须正视我国与西方发达国家之间在会计课程和教材体系上的差距，大胆地引进、借鉴发达国家的成功经验；另一方面，由于我国与西方发达国家之间在法律结构、经济制度、企业运作实务等方面存在着显著的差异，使得我们只能合理地借鉴西方发达国家的财会课程和教材体系，而不能"依样画葫芦"，完全照搬、照套。

## 二、高校财会课程建设的特征

### （一）密切关注社会经济发展的需要

传统的财会教育许多年来一直沿用相同的教学模式，近年来教学内容虽有较大变更，但从总体上讲仍然偏重于照本宣科式的传授，而在如何与社会经济发展，特别是与不同地区经济发展密切结合方面做得还不够。高等财经院校应本着为当地经济发展服务的思路，在课程设置上开设一些有地方特色的课程或讲座，为学生今后更快地融入社会打下一定的基础，学生的适应性将得到大大提高。

### （二）致力于全能型高素质专业人才的培养

迈向21世纪的财会教育，应当在培养专业意识的基础上，拓宽知识口径，扩展学生的基础知识范围，使其具备较为扎实的经济学、管理学的基础和较为宽广的考察社会经济现象的视野，真正构建起金字塔式的定量分析与定性描述相结合的知识结构，以适应未来日趋复杂的会计工作需要。

### （三）重视理论与实践的结合

财会课程是应用性特别强的综合课程，要将教师的做账和实际工作中真正的做账结合起来，应强化以下三大工作：一是在讲授会计课程的同时，开设一定学时的实验课，紧密配合课程教学的进度进行；二是购买现场会计资料，将财会课程专业实习室内化，随时提供让学生充分理解课堂所讲知识的实景资料；三是在讲授财会课程的同时，进行财会实务考核，模拟现场财会核算情景，设计典型业务，用现场会计一系列操作资料（凭证、账簿、报表）进行模拟考核，使所学理论同实际联系，提高学生的动手能力。

### （四）注重强化学生的专业知识运用能力

学生在学好专业知识的同时，更应当学会如何运用这些知识为企业处理纷繁的事务。企业的财会人员将不再仅仅担负着核算、监督等功能，而是能提供五大核心服务，即：确认性服务与资讯正确（Assurance and Information Integrity）、技术服务（Technology Services）、管理顾问服务与绩效管理（Management Consulting and Performance Management）、财务规划（Financial Plaiting）以及国际化服务（International Services）。

### （五）教学内容具有一定的超前性

财会随着我国经济体制的改革在不断发生变化。作为培养财会人才的高等学校，其课程内容更应与时代同步，随时反映变革的内容；同时，财会课程内容教学还应有一定的超前性，走在时代的前列。首先，应做到随时更新财会课程内容，使课程内容与时俱进。1992年，财政部出台了《企业会计准则》，以后陆续颁布了若干具体会计准则，到2017年11月新修订的《中华人民共和国会计法》（简称《会计法》）以及2000年底颁布的新的《企业会计制度》，会计理论和会计确认及计量的方法发生了很大的变化。课程内容变化滞后，会给教师的教学和学生的学习带来诸多不便，只有更新课程内容才能适应企业对财会人员的知识结构和内容的需求。其次，力求会计教学内容在一定方面具有超前性。在超前性方面主要应做到两点：一是向学生介绍市场经济国家已经出现并有较为成熟的处理方法，以及我国由于客观条件所限尚未出现或尚未大量出现的经济业务事项；二是将所掌握的最新研究成果介绍给学生。

### （六）财会教学的手段呈多样性

对财会课程应采用多种教学手段，包括多媒体课件教学、课程网上教学、会计实务互动式教学软件的使用、中级财务会计课程岗位仿真模拟、到实习基地进行参观等。

## 三、高校财会课程建设发展的环境状况

随着社会经济的发展，我们正面临着企业环境和财会行业本身的快速变化，

会计职业界提供的服务范围越来越广泛，专项服务越来越专业，业务创新层出不穷。相比较而言，财会教育长期以来却无大的变化，所以外部环境的变化迫切要求财会教育进行改革。

## （一）社会对财会专业人才的需求不断增长

根据对国际性及地区性的会计师事务所所做的调查发现，在国际性的会计师事务所第一次面试时，最重视的因素依次为应试者的领导能力、整体平均成绩、会计学成绩、会计工作经验；地区性的会计师事务所在第一次面试时，最重视的因素依次是会计学成绩、会计工作经验、整体的平均成绩及领导能力等。而对会计师的调查显示，目前大学财会教育急需加强的课程依次为会计案例、电算化会计、税务、审计、成本会计、资讯系统及管理课程等。

## （二）经济发展趋势对财会专业人才提出新要求

21世纪是知识经济的时代，随着知识经济的发展，人们需要不断地创新，包括创新技术、创新制度、创新管理、创新理论以及各种创新的相互结合。只有持续创新和全面创新，才能保持经济的不断发展。发展知识经济，需要培养具有创新能力的人才，而传统的财会教育对学生的创新意识、创新能力的培养是非常匮乏的。

## （三）财会专业人士提出核心素质需求

1999年，美国注册会计师协会（AICPA）针对进入会计业界的新人提出了三项核心素质能力要求，一是专业职能素质，包括建立决策模型、评价风险、选择相关可靠的度量标准、报告、研究等方面的能力；二是人格素质，包括适合会计行业的个人特质、解决问题和做出决策、与人合作、沟通、领导、项目管理等方面的能力；三是宽广的商业视角素质，包括全球视角、战略思维、行业观念、市场（顾客）导向、资源管理、法律观念等方面的能力。会计职业界对财会人员核心素质的需求也促使财会教育的变革，要求财会教育界从自身内部进行会计课程的战略性重构。

我国台湾地区的《会计研究月刊》中的《2011年会计师专业远景何处寻》一文中提出了会计应具备的五大核心能力，其具体内容是：沟通和领导技巧，策略性和关键性思考技巧，以顾客、客户与市场为主要焦点，整合资讯之阐释以及技术娴熟性。这与AICPA的提法有着惊人的相似，对此进一步关注后不难发现，这些要求在中国的社会经济大环境中也同样存在。

# 第五节　高校财务会计教学实践策略

## 一、明确财会教学目标

课程教学目标要与各专业的人才培养目标密切结合。对于会计专业学生应偏重实务讲授，加强实训环节的练习，提高学生的动手操作能力，使学生能通过财务会计课程的学习掌握实际工作中企业日常经济业务的处理，尽量缩小理论与实践的差距，使学生毕业后能尽快适应实际工作岗位的需要。对于非会计专业学生应充分调动学生的积极性，充分考虑到核算与管理的结合，以管理需要为核心安排教学内容，侧重于会计信息的理解、分析与运用的讲授，尽量减少复杂实务操作，使学生能通过该课程的学习明确会计信息在企业管理中的重要性，能够借助会计信息的分析结果做出合理决策，更好地为企业管理服务。

另外，为了缩短与国际会计的差距，我国会计准则制度处于不断的修改完善阶段，在财务会计课程教学中，老师总是尽量给学生讲授最新的知识，但是知识更进一步的更新和完善，还需要学生在以后的学习工作中完成。因此，通过该课程的建设，教师应该树立一种终身学习的理念，及时更新已有知识，这对会计学习是相当重要的。

## 二、调整财会课程体系结构

### （一）初级财务会计

调查研究表明，目前大多数学校开设的会计基础或会计原理课程可以达到此课程效果，因此也就没有必要重复开设此课程。

### （二）中级财务会计

中级财务会计是财务会计课程体系的核心，也是大多数学校财务会计课程教学的重点，因此，这部分内容也应该是财务会计课程改革的重点。对于中级财务会计应当遵循以工作过程为导向，按业务循环来安排和组织教学活动，同时将一些企业目前已常见的业务也安排在此课程中。具体来讲，可分为几部分：①总论，主要是简单地回顾一下会计基础的内容，特别是会计业务处理的程序，分析一下企业的主要经营业务；②企业筹资业务的核算，包括负债筹资、权益筹资以及相关借款费用的处理；③企业投资业务的核算；④采购与付款业务的核算；⑤生产过程的核算；⑥销售与收款业务的核算；⑦其他业务的核算，包括其他业务收入和支出、利得和损失、非货币性交易、债务重组等的核算；⑧财产清查的核算；⑨资产减值的核算；⑩财务成果的核算；⑪财务报告。

同时，在中级财务会计课程中，可以适当加入企业内部控制的相关知识。由于企业建立内部控制制度的目的是为财务报表的公允性提供合理保证，而建立健全内部控制是企业管理当局的会计责任。因此，除了要求学生掌握会计业务的核算外，还应要求学生结合业务循环掌握相关内部控制知识，这将有利于提高学生的职业道德，便于在以后的实践工作中更好地履行自己的职责。

### （三）高级财务会计

高级财务会计应作为企业一些常规业务的延伸，大多是处在不断改进中的一些不太成熟的内容，因此，主要是从会计理论的高度，向学生介绍这部分内容，包括租赁、或有事项、外币折算、资产负债表日后事项、企业合并、合并会计报表、会计政策、会计估计变更和会计差错更正等。由于这部分内容难度较大，针对高校学生的特点，可以适当降低对学生的要求，了解即可。

## 三、加强财务会计实践训练

### （一）积极建立校外定点实习单位，安排学生定期进行实践锻炼

校内实训课程应与学生定期的顶岗实习和毕业实习相结合，不仅应重视对财务会计业务核算的练习，更应积极争取得到定点实习单位的全面配合，安排学生将企业生产、采购、销售、人力资源等环节与财务会计工作联合起来进行实践，加深学生对企业财务核算与企业内部控制的理解。

### （二）积极建立校内现代化的会计模拟实验室

财务会计实践教学软硬件建设是培养学生会计实际工作技能的重要基础和保证。通过建立现代化会计模拟实验室，一方面可以使教学过程更接近于实践，避免教学与实践工作的脱节；另一方面又有利于深化学生课堂所学知识，加之软件和实际案例的应用，可以进一步挖掘学生个人才智和工作潜力。因此，各高校必须投入一定资金加强会计教学软硬件建设，为培养高技能会计人才提供一个良好的实践教学环境。

### （三）建设案例教学所需要的题库

实践证明，案例教学法不失为财务会计教学的一种行之有效的教学模式。但在实现案例教学时需要用到大量的教学案例，现行的教学案例大部分与实际会计业务相差较远，无法达到预期教学效果。所以，迫切要求建立教学案例题库，以满足财会教学的需要。教学案例题库信息可来自以下几个方面：①教师根据课程内容和教学大纲要求，通过挂职锻炼，参与社会实践活动，收集会计资料作为教学案例，从而使教学内容"真刀真枪"；②学生在教师的指导下，进行必要的社会调查活动，亲自参与会计案例信息资料的获取过程，以增加其学习的主动性与积极性，从而使学生在增强动手能力具有"实战"感的同时，又可以给会计教学提供一些好的教学案例，充实教学资源；③建立校际、校企之间的合作关系，相互交流教学案例，可通过科研、咨询服务和技术开发等方式，与企业有关部门接触，按照工学结合、互惠互利原则获取教学资料。

## 四、积极使用现代化教学手段

财务会计课程具有很强的实践性和规范性，在黑板加粉笔的传统教学中，教师在授课时费时费力地仅能讲授有限的内容，展现少量的实物（证、账、表，图等），示范简单的操作。"满堂灌"式教学使学生失去学习的主动性，学习效果差，而教师也"口干舌燥""疲惫不堪"，因此，会计教学手段现代化显得日益重要。近年来，在利用了多媒体进行课程教学后，很多教师都深深体会到：利用集文字、声音、图像于一身的"多媒体"教学，课堂学习气氛活跃了，教师不必花大量的时间去板书了，有了更多的时间和学生交流，可以将知识讲得更细、更全面、更深入了，教师和学生的积极性和主动性也得到了提高。但是，在利用多媒体教学时，教师应注意把握好授课进度，每节课的信息量不宜过大，否则不利于学生把握重难点和消化知识。

综上所述，财务会计教学改革只要思路明确，措施得力，不仅可以激发学生的积极性和创造性，还可使学生在有限的时间掌握更多的知识，以满足社会对学生的综合要求，从而走出一条具有高校特色的财务会计教学新体系。当然，教学活动本身是就是一种创造性的活动，"教学有法，但无定法"，如何因人施教，寻求学生接受知识的最有效途径，还需要在教学过程中不断探索。

# 第二章 信息化时代的财务会计教学

本章主题为信息化时代的财务会计教学。第一节为信息化的概念和特征；第二节为信息化时代财务会计的发展；第三节为信息化对传统教育的影响；第四节为信息化时代财务会计教学产生的新变化。

## 第一节 信息化的概念和特征

### 一、信息化的概念

信息化的概念起源于20世纪60年代的日本，首先是由日本学者梅棹忠夫提出来的，而后被译成英文传播到西方，西方社会普遍使用"信息社会"和"信息化"的概念是70年代后期才开始的。

1997年召开的首届全国信息化工作会议对信息化和国家信息化的定义为："信息化是指培育、发展以智能化工具为代表的新的生产力并使之造福于社会的历史过程。国家信息化就是在国家统一规划和组织下，在农业、工业、科学技术、国防及社会生活各个方面应用现代信息技术，深入开发广泛利用信息资源，加速实现国家现代化进程。"实现信息化就要构筑和完善6个要素（开发利用信息资源、建设国家信息网络、推进信息技术应用、发展信息技术和产业、培育信息化人才、制定和完善信息化政策）的国家信息化体系。

信息化代表了一种信息技术被高度应用，信息资源被高度共享，从而使得人的智能潜力以及社会物质资源潜力被充分发挥，个人行为、组织决策和社会运行趋于合理化的理想状态。同时信息化也是IT（互联网技术）产业发展与IT在社会经济各部门扩散的基础之上的，不断运用IT改造传统的经济、社会结构从而通往如前所述的理想状态的一段持续的过程。

## 二、信息化的特征

信息化是人类社会发展到一定阶段所产生的一个新阶段，信息化是建立在计算机技术、数字化技术和生物工程技术等先进技术基础上产生的，信息化使人类以更快、更便捷的方式获得并传递人类创造的一切文明成果，它将提供给人类非常有效的交往手段，促进全球各国人们之间的密切交往和对话，增进相互理解，有利于人类的共同繁荣。信息化与工业化不同，信息化不是关于物质和能量的转换过程，而是关于时间和空间的转换过程，在信息化这个新阶段里，人类生存的一切领域，在政治、商业，甚至个人生活中，都是以信息的获取、加工、传递和分配为基础。

信息化是从有形的物质产品创造价值的社会向无形的信息创造价值的新阶段的转化，也就是以物质生产和物质消费为主，向以精神生产和精神消费为主的阶段的转变，我们可以把信息化的特征归纳为"四化"和"四性"。

### （一）信息化的"四化"

1.智能化

知识的生产成为主要的生产形式，知识成了创造财富的主要资源。这种资源可以共享，可以倍增，可以"无限制的"创造。这一过程中，知识取代资本，人力资源比货币资本更为重要。

2.电子化

光电和网络代替工业时代的机械化生产，人类创造财富的方式不再是工厂化的机器作业，有人称之为"柔性生产"。

3.国际化

信息技术正在取消时间和距离的概念，信息技术的发展大大加速了全球化的进程。随着因特网的发展和全球通信卫星网的建立，国家概念将受到冲击，各网络之间可以不考虑地理上的联系而重新组合在一起。

4.非群体化

在信息化时代，信息和信息交换遍及各个地方，人们的活动更加个性化。信息交换除了在社会之间、群体之间进行外，个人之间的信息交换日益增加，以至将成为主流。

## （二）信息化的"四性"

### 1.综合性

信息化在技术层面上指的是多种技术综合的产物，它整合了半导体技术、信息传输技术、多媒体技术、数据库技术和数据压缩技术等；在更高的层次上它是政治、经济、社会、文化等诸多领域的整合。人们普遍用"synergy"（协同）一词来表达信息化时代的这种综合性。

### 2.竞争性

信息化与工业化进程不同的一个突出特点是，信息化是通过市场和竞争推动，政府引导、企业投资、市场竞争是信息化发展的基本路径。

### 3.渗透性

信息化使社会各个领域发生全面而深刻的变革，它同时深刻影响物质文明和精神文明，已成为经济发展的主要牵引力，信息化使经济和文化的相互交流与渗透日益广泛和加强。

### 4.开放性

创新是高新技术产业的灵魂，是企业竞争取胜的法宝。开放不仅是指社会开放，更重要的是心灵的开放。开放是创新的心灵开放，开放是创新的源泉。

# 第二节  信息化时代财务会计的发展

## 一、会计发展的新模式

随着网络的逐渐普及以及信息化时代的到来，传统意义上的会计发展模式已经在各个方面被社会的发展所淘汰。在当今的互联网时代，信息的快速流动已经成为每个企业发展的关键因素之一。因此，事关企业经营效益的财务部门以及数据信息的流通已经成为企业发展的重中之重。在这种社会背景下，会计行业的转型及信息业务的提升就显得很有必要。对财务的管理流程进行规范化操作，以增加其工作效率，加快资金的流通速度，加强对资金以及相关信息的管理，促进财务行业在大数据的时代背景下为企业的数据分析和经营策略的制定提供可靠依据。只有完善有关云计算、云会计理论的会计信息系统，才能为会计发展模式的转变奠定基础和提供动力。

## （一）云会计概述

### 1.什么是云计算

云计算是通过互联网来提供动态易扩展且经常是虚拟化的资源，是以互联网为媒介实现相关服务的一种新的资源提供模式。云计算计划从2007年诞生之日起，便以其超快的发展速度霸占了学术界和行业界发展的核心地位。

在以信息产业为研究对象的电信专业研究人员看来，云计算是以实现信息商业化为目的、以互联网的形式对信息进行储存、加工处理的一种按使用量付费的模式。

云计算是一种前所未有的以虚拟化资源为主题的新兴技术和新兴组织形式，这是美国国际商用机器专家比尔·鲍曼（Bill Bauman）对云计算的看法。

在对云服务进行了相关的调研以后，日本株式会社三菱综合研究所将云计算定义为：利用互联网的灵活性与自由性为实现数据在虚拟网络的计算提供了可能。

综上所述，我们可以将云计算定义为是一种以互联网为媒介，以为企业服务为宗旨的发展形式。

云计算是互联网发展的附属品，它是一个内容丰富的大型储存器，一旦人们将需要查询的信息输入搜索，它就会通过自己的分析、过滤和计算，立刻提供所需的信息。也就是说，人们可以随时随地在任何一台相关数据设备上根据自己的需求查询所需信息，并不局限于某一固定的设备，从而在减少投入资本，提高工作效率方面具有显著的优势。然而当云计算与大数据相结合时，它的服务模式就会以云计算的储存、技巧及分布式处理等为依据变得相对复杂起来。其具体的应用形式有以下三种。

### （1）软件即服务

这种形式即服务软件的开发商将产品安装在自己的服务器上，顾客以自我需求为依据提出购买或者租赁申请。这种服务模式中消费者以所需的服务时间、种类的多少来支付费用。基于其灵活、固定的服务形式，因此得到中小企业的广泛认可，其中以在线会计服务最受欢迎。这种服务形式以本公司所开发的软件并不安装在自己公司，而是投放在相应服务器上为特征。

（2）平台即服务

这种形式即开发商以用户的需求为依据，以开发环境和运行平台为媒介，以在此基础上建立的软件为平台向顾客传递自己的软件并提供相应服务的服务模式。这种服务模式因其流动资金少、运行成本低和开发速度快的优势深受企业青睐。

（3）基础设施即服务

这种形式即以基础设施为媒介提供服务的模式，一般情况下包括服务器、网络、储存及数据中心这几种基本设施。换句话说就是企业首先要为基础设施的建设投入资金，基础设施建成以后在厂商的组建下形成一个向客户提供虚拟资源的"云端"，客户以自我需求为依据查询相关内容并支付费用。该服务模式最大的特点是资金投入多。

2.云会计的定义及其优势

在云计算迅速发展的氛围中，以利用云技术在互联网上构建虚拟会计信息系统，完成企业的会计核算和会计管理等内容的云会计得到了快速的发展，并被社会广泛认可。

在《"云会计"在中小企业会计信息化中的应用》一文中，程平、何雪峰以顺应互联网发展趋势，并以向企业提供网络会计相关信息为主要服务目的来定义云会计。

云会计因国家环境和定义角度的不同而有各种解读。日本对于云会计的解读主要是立足其使用和组建的方法，它们曾以以云计算为奠基的会计服务系统或者说是云计算在会计服务业上的应用为论点，来争论云计算与云会计之间的相互联系。以互联网为媒介向社会提供会计服务的商人广泛认可"云会计"的名称，并以这样的角度解读了云会计的定义：安装好的服务器以互联网为媒介向社会各界提供所需的软件服务，并以其提供的服务收取相应回馈的新型服务模式。

云会计服务在网络的普及及计算机技术不断提高的社会背景下，因以下几个优点受到了大多数企业的追捧。

第一，降低会计信息服务的投资及运行成本。这一点主要有以下两方面的体现：一是企业并不需要购买整个系统，只要根据自己的需求支付使用费用即可，从而节省了大量资金投入；二是云会计的系统维护与升级由其专业开发人员负责，企业也因此减少了运行成本。

第二，更多的有需求人群可以共享云会计信息。主要体现在以网络和云计算为基础的云会计服务，因其客户端可以随时随地为需求者提供服务，因此在一定程度上实现了会计查询及使用信息的共享，为顾客随时查看信息提供了相应的保障。

第三，在一定程度上提高了财务监控的工作效率。一方面，在云会计的服务网络中，云会计的业务人员与财务人员之间的交流摆脱了时间与空间的约束，从而在提高监护效率、增加有效沟通方面有很大益处。另一方面，得益于服务软件自身具备的监控效能，进一步提升了财务部门的监控能力。

第四，财务相关工作者的工作效益得以提升。一方面，在云计算的服务下，公司的财务部门可以随时记账、报销，从而为企业高层更全面地评估经营状况、预测风险和规避财务风暴提供了保障。另一方面，云会计实现了各个部门的有效交流和更深合作，从而为财务部门工作效益的提高保驾护航。

云会计在云计算不断巩固的理论与实践基础上得以全速发展。云会计在财务工作的各个领域都以其独特的优势领先传统意义上的会计工作软件。我们有理由相信在互联网技术不断更新与应用的未来社会，云会计会保持并巩固自身优势，得到财务界更加广泛的认可与使用。

### 3.云会计发展面临的挑战

同其他事物一样，云计算给云会计的发展既带来了好的影响，又造成了一定程度的挑战，是一把双刃剑。一方面有利于企业网络信息化、数据化的开展，另一方面其安全问题仍然存在很大的隐患。在大网络时代，云计算的研发者虽然都已设置了较高水平的安全机制，但仍不能保证百分之百的安全性。对于企业的发展来说，如果财务数据被窃取，肯定会动摇企业的立身发展之本。在这种社会背景下，强化云计算的安全性和打消企业对云计算的顾虑，成为云会计发展需首要解决的问题。现在将制约云计算和云会计进一步发展的枷锁总结为以下两点。

第一，数据保障安全性存在的隐患。在云会计运行体制中，企业的财务数据在互联网上进行交接，网络成为数据的新型载体，伴随着载体的转变，数据流通的确认方式也逐渐多样化。在这种情况下，网络的相对开放性为不法分子作案提供了可能性。精通计算机各类技术的计算机高手或者同行业的竞争者可以制造病毒软件，在数据的传输过程中窃取或者擅自修改相关信息，以及企业数据保管人员安全意识欠佳等都有可能为不法之徒提供可乘之机。这些使得云会计的安全保障问题遭到了质疑。而对于立足于竞争激烈市场的企业来说，企业的核心机密无论以什么样的途径被泄露或者篡改，都会是企业发展的致命一击。

第二，过分依赖云计算的研发者。云会计的运行完全取决于云计算的研发人员，而云会计的服务质量及售后保障仍对企业的财务工作有巨大影响。换句话说，一旦云计算的研发停止或者售后保障人员疲于提供及时有效的技术更新，都会对企业的发展造成不可挽回的损失。

### （二）财务共享服务概述

#### 1.什么是财务共享服务

经济全球化和信息化时代的到来对社会经济及企业的发展提出了重大挑战，其主要体现在商业经营形式的转变、管理体制的更新和产业生产链重组等方面。传统会计行业的变革也是遵循时代的主流而逐渐兴起的，主要表现就是财务共享服务的开展。

财务共享服务的定义是：遵循财务业务的运转流程，以现代信息技术为依托，从社会需求的立足点出发，为广大消费者提供专业的服务，以期达到减少资金投入、规范操作流程、提高工作效率、增加社会价值的目的。

财务共享服务主要有财务集中化、第一代共享、第二代共享、第三代共享四个发展阶段。下面将对各个发展阶段做简单阐释。

第一，财务集中化阶段。是一种以减少资金投入和提高工作效率为主要目的，将信息和人员的相关信息进行集中处理的服务模式。但其集中处理的流程及具体操作规范存在争议。

第二，第一代共享阶段。与财务集中化阶段相比，更加节省投入资金是这一阶段的一大亮点。一方面扩大经营规模，另一方面尽量减少不必要的资金投入，兼顾人才的选拔与培养。对企业的选址和工作的规范化也是这一阶段的主要发展方向。

第三，第二代共享阶段。延续了第一代共享阶段节约成本的优点，并在此基础上进一步加强落实，同时针对第一阶段存在的服务质量有待提高等问题进行了调整。

第四，第三代共享阶段。产生在计算机及网络普及的社会大背景下，具有前三个阶段都不曾拥有的新功能。例如，财务云的产生为进一步整合分散的信息提供了可能，从而达到了更好聚集财务信息的效果，可以为更广大的分散用户提供所需信息。

#### 2.财务共享服务理论基础

财务共享服务是来源于共享服务，并以共享服务为主要目的的一种分布式管理模式。而共享服务是针对企业经营管理存在的问题提出的新型管理模式，其关键内容是对企业所需要的有关开发人员和技术资源在一个平台上进行分享。其分享的服务类型不仅包括财务及采购方面的基本内容，还包括法律信息参考、信息共享等多方面的内容。

规模经济理论、竞争优势理论、组织结构扁平化理论、业务流程再造理论、集团管控理论、资源配置理论等是共享服务理论基础所包含的主要内容。

（1）规模经济理论

企业在扩大生产规模的同时，逐渐降低每个商品生产的固定及综合成本，从而促进生产量的增多和生产效率的提高，以期获得更多的生产利润。而共享服务所发挥的作用就是整合功能相同的部门，开拓新的业务，不断扩大企业的生产规模，使生产成本得到进一步的控制。

（2）竞争优势理论

处于共同的竞争市场和面对共同的消费人群的两个企业，能在激烈的市场竞争中占有更大市场比例并且获得更多利润的企业，必定是具有一定竞争优势的企业。而共享服务就是以形成企业的竞争优势为目的，不断更新管理理念并对相应资源进行整合。

（3）组织结构扁平化理论

这种理论的特点是打破传统公司的管理模式，压缩不必要的中间管理层，减少不必要的人员投入，从而构建一种较为直接的管理模式。减少不必要的人员投入有两方面的益处。首先对于领导者来说，有利于管理层更加直接地把握市场动态，并以此为依据适时调整公司政策方向；其次对于基层工作人员来讲，中间管理层的削减有利于整个工作体制的简洁化。而共享服务的工作机制是将分离出来的冗杂工作统一解决，而核心工作由专业技术人员重点解决，即通过集中核心资源与优势技术来提升服务质量。这种组织结构扁平化理论，在减少运转资金、增强市场应变能力、顺应市场发展趋势、减少工作时间和提高工作效率等方面均具有显著优势。

（4）业务流程再造理论

这一理念是美国人迈克尔·哈梅（Michael Hamme）最先提出的，他将业务执行或者说实施过程中烦琐的不必要的程序剔除，并对必要的流程进行新的排列组合，最后依靠现代计算机技术实现再造的终极目标。所以，业务流程的再造其实是对业务流程进行了完全的改革。业务流程的再造在为共享服务节省成本、提高工作效率的同时，也对企业之间竞争的展开和整体社会价值的提升提供了条件。

（5）集团管控理论

母公司在合适的激励体制下，使各个分公司在积极响应母公司决策方案的前提下，鼓励员工排除万难，为实现母公司的战略意图努力奋斗。而在共享服务管理模式下，在母公司为子公司提供共享服务的同时，既减少了子公司的运行资金投入，又在一定程度上提高了信息采集与流通的效率和质量，提高了两者之间的知识匹配度。

（6）资源配置理论

资源配置理论即企业将相对稀缺的资源进行合理配置，以期用最少的资源收获最大的市场利益。而共享服务的运行机制正好与资源配置的理念一致，主要体现在共享服务实现了优势稀缺资源的重新整合，在一定程度上提高了资源利用率。同时优势资源的整合有利于企业集中力量做大事，从而获得更大的市场竞争力。

3.财务共享的注意事项

财务共享对企业的发展有利也有弊，是一把双刃剑，虽然它是企业财务服务水平和整体效益快速提高的动力，但是，初始投资高、回收期长、对原有体制造成冲击等都是财务共享这剂"药方"的副作用。为了扬长避短，最大限度地发挥财务共享的"正能量"，财务共享实施过程有以下要注意的事项。

（1）加强沟通，提高人们对财务共享平台的接受程度

对于任何一个企业来讲，财务共享服务都是一个新事物，都会对原有的企业经营和管理模式产生一定的冲击。新事物的发展往往会经历坎坷与磨难，也就是说新事物的发展前途是光明的，而过程却是坎坷的。也正因如此，财务共享服务在其运行初期必然会遭到一部分人的反对。在变革管理理论的持有者看来，任何一项重大变革都会经历这样一个时期：大部分人持观望态度，而支持者与反对者势均力敌。显而易见，变革成功的关键在于使大部分的观望者逐渐接受新事物，并对其持支持的态度。因此，对于要变革管理制度的企业来说，在变革的初期就利用舆论的压力迫使观望者转变态度至关重要。对于员工来说，他们持反对或者观望态度的原因大都是害怕变革失败影响个人利益，或者是对新事物有不适应感，因此，公司在共享服务平台投入运营之前和员工进行有效沟通是更快变革的必然之举。

（2）化解财务共享计划对原有企业文化的冲击

财务共享计划使得财务共享中心与公司其他业务部门间的关系由传统的行政等级制转换为业务合作伙伴关系，冲击企业之前形成的文化。财务共享平台在运行的初始阶段会因为员工的抵制而达不到原有的工作效率。在这种情境

下，使工作中的员工保持工作的积极性十分必要。可以就财务共享中心与业务部门间的服务范围、成本和质量事先签署协议，照章办事，提高财务共享中心的工作效率。

（3）可靠的技术保障必不可少

超强的信息技术支撑是财务共享中心正常运转的保障，同时也是解决其运行过程中出现的安全问题、灵敏度问题、产出效能等问题的安全技术保障。

（4）财务共享中心的选址也很关键

办公地址的合理选择是财务共享服务战略正确实施的第一步，也是最关键的一步。是否有利于与外界沟通，沟通费用的高低，是否接近高质量劳动力或者劳动力是否充足，有无国家扶持政策或者相关法律法规，周围环境的好坏，是否接近广大消费人群等，都是选址时需要考虑的因素。

## （三）在线会计服务

### 1.在线会计服务内涵

所谓在线会计服务，是以互联网技术为基础，以云会计运行理念为指导而创建的以互联网为媒介的新型会计服务形式。开发商将财务软件分享在互联网平台上，用户根据自己的实际需要可以随时随地在互联网上获得所需信息，管理财务数据并支付相应的费用。

### 2.在线会计服务的特点

（1）会计业务开放化

在线会计服务通过将软件分享在互联网平台，为所有的消费者提供所需信息服务，企业任何工作人员都有机会接触企业财务信息，因而具有开放性的特点。

（2）经济主体对等化

在线会计服务在为会计行业的组织和单位提供服务的时候，二者之间是平等且对等的两个主体，二者应该互相尊重、共同进步。

（3）信息资源共享化

在线会计服务除将自己的信息以互联网的形式分享给会计相关工作人员外，也为相关工作人员交流经验、分享知识提供了平台。

（4）会计活动服务化

在线会计服务是一种与时代发展同步的网络新型服务形式，它在为企业相关决策人员提供理论知识和管理建议的同时，也为会计运转流程的设计提供参考信息。也就是说在线会计服务可以通过互联网平台，以他人为中介为企业提供优质服务。

（5）会计业务高效化

在线会计服务，通过互联网的联系平台，以其方便、快捷、容易操作的特点广受会计工作人员的欢迎。会计工作人员可以在网络上随时做账和查找相关数据，在节约投入资本和时间的基础上，大大提升了会计行业的工作效率。

3.在线会计服务的优点

（1）企业可以低成本获得满意的会计服务

在互联网上以租赁的形式获得所需的有关服务及售后维修服务等，并支付一定的租赁费用，这种服务形式使企业减少甚至是消除了大量设备投入资金和维护善后费用，完全消除了传统会计服务耗时、资金成本大、耗力等弊端。

在线会计服务软件的系统维修、更新等都由开发商来负责，因此不仅节省了消费者的维修时间，也在很大程度上减少了日常设备、系统维修所需要的资金投入。

（2）为企业提供便捷的会计服务

使用在线会计服务的工作人员只要有计算机，便可以随时随地进行记账等相关日常工作，在工作进行的同时可以通过互联网将信息数据实时分享出去。而企业的管理人员通过互联网可以以邮件或者其他形式对公司的财务情况进行监督和了解。

（3）易学易用

与传统财务软件不同，在线会计服务软件不需要正式购买软件，只需在互联网上以租赁的形式使用；且不需要对已购买的软件进行不断的系统升级及与升级相对应的培训，而是在其软件自行完成更新以后，根据软件简洁、明了的用户指导说明，自行进行学习及应用即可。

（4）服务对象广泛

在线会计服务可适用的企业范围是从小型代理记账公司到大型上市公司，而其主要服务对象是经济市场中为数最多的中小型企业。

4.在线会计服务的现状

在线会计服务是顺应互联网大数据时代而产生的新兴事物，与其对应的在线会计产品也是市面上不曾出现过的新兴产品，因此在其运行和社会推广进程中难免会遭到质疑或者存在问题。也就是说它本身仍存在一些不足，有待完善。这些不足主要表现在相关法律制度不健全、信息安全保障存在隐患、从业人员缺乏诚信、监督管理体制不规范等方面。然而不可忽略的是虽然在线会计服务的体制尚不完善，但其具有非常广阔的隐形市场有待开发，所以其发展前景是光明的。对于市场份额巨大的中小企业来说，在线会计服务投入使用，在减少企业运转资金、提高企业财务能力和增加企业市场竞争力方面均具有显著作用。随着在线会计服务体制的逐渐完善和市场推广力度的不断增大，其优点得到了社会的广泛认可，在这样的背景下众多软件公司纷纷加入它的行列。下面我们以具体实例进行说明：继金蝶2007开发出友商网之后，不同的软件公司又相继推出伟库网、"网上管家婆"和四方财务在线等网络服务软件。在众多软件公司的加盟及其本身运行机制不断完善的条件下，在线会计服务对象已经从以中小型企业为主，逐渐扩展至大型上市企业。

## 二、会计信息化的概念和历史演进

大多数人在看到"会计信息化"这个词时，大概以为是利用计算机来处理会计事务。其实不然，会计信息化的过程没有那么简单，它需要使用到各项技术，如信息技术等，这是一项复杂的作业过程。

### （一）会计信息化的概念及特征

1.会计信息化的概念

会计信息化就是信息技术和会计信息系统融合的过程，即以计算机及网络通信技术为手段，通过建立技术与会计高度融合的开放的会计信息系统，运用会计信息处理软件对与企事业单位有关的会计信息资源进行深度开发和广泛利用，以促进企事业单位发展业务、提高经济效益，并向利益相关者提供多方位信息服务的过程。会计信息化程度主要反映在所使用的技术手段上，取决于经济业务和技术的发展，经济业务的发展导致新的业务形式和业务信息需求的变化；技术（信息技术和管理技术）的发展带来了会计目标和相应会计思想的变革。随着会计信息技术水平的不断提高，会计信息系统在逐步完善，会计信息化的程度也在不断提高。

2.会计信息化的特征

会计信息化的特征显著地体现在其所应用的计算机通信技术及会计信息系统上。

（1）会计信息化具有开放性

会计信息系统实时地处理随时被录入的各相关业务数据，并根据要求输出不同的报告，这决定了会计信息化的开放性。

（2）会计信息化具有渐进性

会计信息化程度的提高依赖计算机及通信技术的进步，依赖于会计信息系统的逐步完善。从技术上讲，1946年世界上第一台计算机诞生时只是简单的数值计算，今天我们可以运用计算机技术从事航天、军事等复杂问题的研究，这种进步是快速的，但也是渐进性的。从会计信息系统的角度讲，按系统论的观点，系统是一个有着特定功能的有机整体，这种功能的完善是一个漫长的过程，不可能一蹴而就。从会计信息化经历的会计核算、会计管理、会计业务一体化、全面网络会计等发展阶段可以看出信息技术与会计信息系统的融合是逐步递进的一个过程。

（3）会计信息化具有互动性

会计信息系统具备系统的一般流程，即数据录入、整理、分析、储存、报告等环节，同时建立了与人进行多向、多位信息交流的方式。一方面，不同的业务人员向单位同一数据库录入数据信息，系统自动转化成会计信息，不同的信息使用人输入自己不同的需求参数可以使系统输出不同要求的信息报告，获得自己所需要的信息。另一方面，信息使用人可以通过对系统的数据处理流程加以调整和改进，来满足特定的信息需求。通过会计信息系统的互动功能，系统和信息使用人同时成为信息的提供者和使用者。

（4）会计信息化具有动态性

会计信息化的动态性体现在会计信息系统自身的发展进程和会计处理对象，即会计数据上。首先，从会计信息系统的角度讲，随着经济及计算机通信技术的发展，会计信息系统在会计核算、会计管理、会计业务一体化、全面网络会计各阶段，从低到高逐步进化完善，这是一个相辅相成的动态的过程；其次，从会计数据角度讲，无论是单位内部的数据（例如材料领料单、产量记录）还是单位外部的数据（例如发票、订单），无论什么时间什么地点，一旦发生，都将实时进入会计信息系统中进行分类、计算、更新、汇总、分析等一系列处理操作，以保证会计信息实时地反映单位的财务状况和经营成果。

（5）会计信息化具有集成性

信息集成的目的是信息共享。与企事业单位有关的所有原始数据只要一次输入会计信息系统，就能做到分次或多次利用，在减少了数据录入工作量的同时，实现了数据的一致、准确与共享。全面实现管理/决策型网络会计是会计信息化的最终目标，突出特点是实现会计信息和业务信息的集成化。会计信息化的集成性可以从以下三个方面来说明。

第一，同一个时间点上，集成三个层面的信息。首先，在会计部门内部实现会计信息和业务信息的一体化集成，即实现会计账簿各分系统之间的信息集成，协调解决会计信息真实性和相关性的矛盾；其次，在企事业单位内部实现会计信息和业务信息的集成，在两者之间实现无缝连接，真正融合在一起；最后，建立企事业单位与外部利益相关人（客户、供应商、银行、税务、财政、审计等）的信息集成。

第二，在时间链上集成与企事业单位相关的历史、目前、未来的所有信息。

第三，统一业务的多重反映。例如，对于固定资产折旧的计算，现行会计制度规定可以在历史成本的基础上选定一种方法，现在可以选择多种方法同时计算，作为决策的参照。

### （二）会计信息化的相关理论

#### 1.信息不对称理论

不同的主体在参与市场经济的活动时，可以获得不同的信息资源。由于每个人的知识水平、市场敏感度存在差异，其对所掌握的信息的理解程度和分析能力也有所不同。对于信息相对真实、完整的主体来说，其占据的地位也更有优势。相对地，对于获取相对残缺、失真信息的主体来说，其占据的地位往往趋于劣势。信息不对称理论的观点主要有以下四点。

第一，交易过程中，销售方比购买方掌握更多关于产品或劳务的信息。

第二，为获得额外收益，优质信息拥有者会向劣质信息拥有者提供优质信息。

第三，为追求信息对等，信息拥有的弱势一方会不断追求更多信息。

第四，市场信号的显示能够在某种程度上平衡信息不对称的情况。

每个社会成员身处在现实生活之中，都会处于不同的外部环境，此外，个体的知识保有量和理性的思维能力参差不齐，导致信息不对称现象是会一直存在的，也是当前社会无法消除的。甚至由于当前的社会形态，在今后的很长一段时间内，仍然会有少数人获取其他人根本无法取得的信息。两权分离是目前大型企业的最大特点，公司的所有者与公司的管理层之间都会存在不同程度的信息不对称现象。部分企业所有者并不直接参与企业的日常生产经营管理，而经理人与股东的利益目标不一致，通常情况下股东处于信息拥有的劣势。

这一理论在会计领域的应用也具有同样的意义。企业管理层很可能为了自身的利益，例如达到绩效考核标准或升职加薪等目的，粉饰公司的盈利情况，或是以自己为出发点实施决策，提供公司信息。那么，对于获取公司的完整真实的信息，企业所有者就可能处于劣势。而企业会计信息化的实施及各类财务软件的广泛运用，实现了企业财务信息通过网络平台的快速流通，此时处于被动地位的企业外部使用者就更能够比以往获取全面、准确、及时的企业相关信息。会计信息化的实施、信息技术的诞生与运用，在一定程度上弥补了当前市场中存在的信息不对称情况。前文中提到的，市场信号的显示能够在某种程度上平衡信息不对称的情况，与企业有关的各相关者之间存在的信息不对称现象会逐渐趋于平衡。企业隐藏负面信息的难度与成本将逐渐增大，因此各个公司都应该实施会计信息系统的建设，不仅可以提高会计人员的工作效率，而且能够全面提升企业生产经营管理能力，提高企业管理能力和核心竞争力。

### 2.利益相关者理论

20世纪，利益相关者概念被提出，并以此为基础建立了利益相关者的理论。利益相关者理论认为企业的发展壮大与利益相关者息息相关，企业在制定发展战略的过程中，必须将利益相关者并且是所有利益相关者的利益列入发展战略中，因为企业不可能离开利益相关者而独立存在。利益相关者整体都为企业的健康发展发挥了不可替代的作用。

随着网络技术的发展，社会各主体之间的交流更加便利，获取信息的渠道更加丰富，途径也越来越方便，信息质量越来越高，企业利益相关者之间的沟通成本越来越低，其实施考察和监督的方式和从前相比也增加了很多，而且多数都更加方便。因此，相关利益者的需求不断增加，要求也不断提高，他们希望公司公布更加透明、全面的信息，对于信息发布的时效性也要求更严格。例如，政府当局对企业内部信息化的规定标准提高，要求完善内部控制制度，以提高公司重要机密数据的安全性。这就要求企业建立严密的会计信息系统，使用各项功能更加强大的财务处理软件，以此作为企业数据的保障。另外，随着企业的发展和竞争越发激烈，公司管理层和所有者等利益相关者在制定发展战略、分析市场需求、分析对手竞争力等各项决策分析时，对相关财务信息的质量要求越来越高，这也在一定程度上促进了企业的会计信息系统发展与改革。

企业的会计信息化水平越高、会计信息系统越成熟，越能满足其对财务信息高质量的要求。例如企业实施云计算的会计信息系统，能够实现公司内部会计信息的快速流通，实现企业内部数据实时可查，利用分析模型进行多维度数据分析，既能减少会计人员的工作量，提高工作效率，又能提高企业会计信息系统的管理控制能力，还能提升公司的核心竞争力。

因此，利益相关者理论要求企业既要满足整个利益相关者群体的利益，又要规划好企业的发展。公司的会计信息系统的建设受到利益相关者们的影响，利益相关者们需要更高质量的信息，这就要求企业实现更高水平的会计信息化，逐步优化会计信息系统，让其在企业的生产经营中发挥优势。这在很大程度上促进了企业会计信息系统的发展。

## （三）我国会计信息化的历史演进

### 1.我国会计信息化发展历程

#### （1）会计信息化的萌芽阶段

我国会计信息化的萌芽阶段为1978—1998年，在这一阶段，我国会计电算化从试验探索阶段过渡到有序发展阶段。

我国的大多数学者根据理论研究特点，将这一时期的会计信息化细分为两个阶段：前十年是对会计电算化理论基础的构建，包括会计电算化的内容和会计核算软件单项应用研究；后十年主要是对商品化会计核算软件整体研制、评审与推广及对会计软件市场发展的研究。

第一，会计电算化的试验探索阶段。1978—1988年，我国会计电算化进入了试验探索阶段，这实际上也是一个无序发展的阶段。

1978年，财政部拨款500万元给长春第一汽车制造厂，进行计算机辅助会计核算工作试点，同时，在全国企事业单位逐步推行在会计工作中应用电子计算机。1981年8月，在财政部、一机部（第一机械工业部）、中国会计学会的支持下，由中国人民大学和长春第一汽车制造厂联合召开了"财务、会计、成本应用电子计算机问题研讨会"，并在这次讨论会上提出了"会计电算化"的概念，这标志着我国会计电算化已经起步。当时财政部会计司杨纪琬出席了这次讨论会，他是我国会计信息化最早的倡导者和推动者。这一阶段，我国还处于改革开放初期，工作重点是恢复、健全会计核算制度，计算机应用还处于起步阶段，计算机信息处理技术还比较落后，设备和人才都很缺乏，对于会计信息化的理论研究也相对较少，整个20世纪80年代十年期间相关研究文章只有98篇，会计信息化发展相对缓慢。这一时期的学者主要以专著的形式来研究会计信息化，代表作品主要有中国人民大学王景新教授撰写的我国第一部会计电算化专著《会计信息系统的分析与设计》及《电子计算机在会计中的应用》，还有我国台湾地区的林蕙真教授撰写的探讨会计电算化内部控制与计算机审计的《电脑化会计资讯系统之控制与审计》。1987年11月中国会计学会成立了会计电算化研究组，会计电算化的理论研究开始得到重视。

第二，会计电算化的有序发展阶段。1989—1998年，我国会计电算化进入了有序发展阶段。

随着会计电算化的深入开展，要求加强组织、规划、管理的呼声越来越高，各地区、各部门也逐步开始了对会计电算化工作的组织和管理。财政部从1989年开始对会计电算化进行宏观管理，制定并颁布了一系列的管理制度，如《会计电算化管理办法》《会计电算化工作规范》等，基本上形成了会计软件市场并逐步走向成熟。90年代中后期推出的"两则""两制"与全国范围内的会计大培训及会计电算化初级上岗证的施行，使我国的会计电算化事业取得了突飞猛进的发展。

会计信息化理论研究在这一时期也得到长足的发展。袁树民较早地阐明了电算化会计系统的设计要经过系统分析、系统设计、系统实施及系统运行与维护四个阶段的生命周期法，并指出一个完整的会计信息系统应该包括会计核算系统、会计管理系统和决策支持系统三个子系统。郭文东对计算机会计信息系统的人机接口设计进行了研究。葛世伦从信息系统硬件的可靠性、软件的安全性和组织管理的完备性分析了会计信息系统设计的安全性因素。王景新研究了会计电算化下的内部控制内容与设计，提出了管理制度、职能分离、授权控制、时序控制、防错纠错措施、修改限制、文件属性控制、安全控制、防毒措施、管理控制、访问控制等十多项控制内容。此时广大学者已经开始对会计信息系统网络环境下的设计、应用及内部控制进行研究，分析了我国会计软件由核算型向管理型改造的理论基础，确定了会计信息系统将成为今后的研究重点。

（2）会计信息化的产生及初步应用阶段

1999—2002年，我国会计信息化产生并得到了初步应用。

随着市场经济的高度发展及现代金融、证券、保险、期货等金融衍生工具的产生，企业已不再是单纯的生产经营单位，投融资和资本运作及集团企业下的内部财务资金管理居于越来越重要的地位，并提出了企业集团财务管理的协同管理模式，"会计信息化"这一概念也孕育而生。

1999年4月2日至4日，深圳市财政局与金蝶公司在深圳联合举办了"会计信息化理论专家座谈会"，提出建立开放的会计信息系统，进而引出了会计信息化的概念及其含义，标志着我国会计信息化的产生。此时，一方面人们将目光转移到"会计信息化"这一概念上来；另一方面，随着电子商务、ERP（企业资源计划）、SCM（软件配置管理）、CRM（客户关系管理）等信息系统的发展，网络技术在会计领域深入运用，极大地推动了会计的信息化和网络化。杨平波探讨了网络环境下会计信息系统的物理安全、会计信息安全、网络系统安全、人员管理安全等问题；马万民研究了会计信息系统硬件、软件和网络安全两方面的关系。此时，学者们也开始重视对于会计信息化实施的研究，给出了企业实施会计信息化的五个重要条件，即企业需要、部门协调、管理基础、专业人员和经费保证。

（3）会计信息化的推进与发展阶段

2002年至今，我国会计信息化处于持续发展状态。

随着会计信息化软件在企业中的广泛应用，我国会计理论界也开始对会计信息化的理论进行更深入的研究。2002年起，中国会计学会每年都定期召开会计信息化年会，至今已召开二十届，涉及的会计信息化相关理论主题众多，对会计信息化理论进行了深入的研究与探讨。在此期间，曾任中国会计学会会计信息化专业委员会主任的杨周南为会计信息化年会的召开和会计信息化的发展起到了极大的推动作用，在第二届会计信息化年会上，杨周南在"会计信息化若干问题的研究"主题发言中，阐述了会计电算化向会计信息化转变中的若干理论问题，给出了会计信息化的概念和会计信息化的内涵；在第六届会计信息化年会上，杨周南首次提出将工程学的理论和方法引入内部控制体系，建立内部控制工程学，对内部控制的物理模型构建展开了研究，该论文为信息化环境下内部控制研究提供了新的思路，开辟了新的领域，引起了相关学术界的兴趣和密切关注。在第七届信息化年会组织的XBRL（可扩展商业报告语言）辩论会上，杨周南作为"反方"代表，谨慎地认为将XBRL视为财务报告发展的"全部未来"或"不一的选择"等观点有失偏颇，并指出应研究是否存在适用性更强的某些技术或模式能够替代XBRL。庄明来教授在《我国上市公司宣告采用XBRL的市场反应研究》一文中也表明，XBRL的应用对于我国的上市公司股价反应并不显著，并给出了原因及建议。

我国政府也积极颁布政策制度，以推进我国会计信息化及其相关软件产业的发展。2002年以来，财政部门允许地方对各单位甩账实行备案制，不再组织应用验收。2002年10月，国家经济贸易委员会企业改革司委托用友公司组织编写了《企业管理信息化基本知识系列讲座》，成为我国企业开展信息化工作的权威普及读本。同时，国家标准化管理委员会发布了《财经信息技术会计核算软件数据接口》，从而建立了会计信息化的标准体系结构。

　　2.我国会计信息化的发展现状

　　虽然我国会计信息化起步较晚，但由于经济的快速发展和企业管理需求的不断增加，我国的会计信息化也伴随着ERP的发展而迅速发展。

　　我国的ERP产品主要有两种：一种是厂商在国外ERP软件基础上结合国内企业实际情况直接开发的ERP产品；另一种是财务软件厂商在面临市场发展势头下降以寻找新增长点而转型开发的ERP产品，强调账务管理的功能。

　　与先进的信息管理理念和信息技术相比，我国的会计信息化存在诸多不足。

　　第一，管理会计实际运用率不高。

　　第二，系统数据的集成性不高。有关调查资料表明，90%以上的大中型企业都实施了会计信息化，部门级财务软件虽然提高了财务人员的工作效率，但实际上形成了信息孤岛，并未给企业整体效益带来明显提高。

　　第三，成本管理体系缺陷突出。偏重实际成本核算，内部量本利分析不足，以凭证驱动业务流程，而不是以流程来产生凭证。

　　第四，以REAL模式为代表的新会计模式的应用还需加强。

　　但在国内企业管理环境中，我国的会计软件也存在以下优势：①初始设置更加简明，输入界面更符合中国财会人员的习惯；②提供了完全满足我国政府及各级财务部门需要的财务报表；③功能稳定，基本满足了各行业会计工作的要求。

　　3.会计信息化的发展趋势

　　会计信息化随着其自身的发展已经成为一种重要理论来指导会计工作，会计信息化从单一的理论朝着综合化的方向发展。在会计实践工作中，会计工作涉及许多方面的信息，会计信息较复杂。现在，分类的会计信息化走向综合化的发展趋势日益明显。

　　会计信息化向细化方向发展。当今知识经济高速发展，对会计信息化也有了更高的要求，在这种趋势下，要不断地寻求能够适应经济快速发展的会计信息化发展分支学。进一步深化细化会计信息化的内容，这满足了会计信息化发展的新要求。

会计信息化向边缘化发展。会计信息化的发展为信息化融合发展提供了可能性，尤其是进入新世纪，随着技术、科技、经济的高速发展和衔接，会计信息化的融合趋势日渐明显，同时要求会计信息化要在更高的层面发展，使会计信息化融合发展应运而生。

总之，会计信息化是会计发展和企业生存发展的必然要求。但同时要注意，企业会计信息化建设是一个十分漫长的过程，是一个渐进发展的过程，不可能一下就完成，现在我国的会计信息化水平与信息经济的发展要求还有很大的差距，企业的会计信息化可以说是革命尚未成功，仍需努力，任重道远。

# 三、信息化时代财会改革理论

尽管我国会计理论研究在近年来取得了非常丰富的研究成果，在促进会计发展的同时，也促进了经济社会的发展，从而对市场经济与资本市场的建设与发展起到了非常重要的推动作用。但是，国家根据《中华人民共和国国民经济和社会发展第十三个五年规划纲要》和《国家财政"十三五"规划》的有关要求，制定的《会计改革与发展"十三五"规划纲要》（简称《规划纲要》）提出，"随着我国经济结构调整和发展方式转变，会计工作面临许多新情况、新问题，要求会计法制、会计标准必须适应环境变化不断完善、强化实施，要求会计从业人员必须转变观念、开拓创新，要求会计监管和宏观管理必须改进监管方式、形成监管合力和牢固树立服务理念，在认真总结过去五年会计行业成绩经验基础上，科学引导会计行业在未来五年健康顺利发展"。这就要求会计教育朝着专业化与法治化的方向发展。

## （一）"十三五"时期会计改革任务

根据《规划纲要》确定的指导思想、基本原则和总体目标，"十三五"期间会计改革和发展的重点任务主要包括以下项目。

### 1.切实加强会计信息化建设

积极适应国家"互联网+"行动计划和"大数据"战略的新要求，努力为业务数据与财务数据的深度融合营造有利的政策环境。要加强顶层设计，做好企业会计准则通用分类标准的维护和完善工作，推动其在监管领域和企业管理领域的应用。要研究探索会计信息资源共享机制、会计资料无纸化管理制度等。要认真抓好《企业会计信息化工作规范》等制度的贯彻落实，积极探索推动行政事业单位会计信息化工作，推动XBRL在政府会计领域的应用。

### 2.深入实施会计人才战略

要实现会计行业的发展，必须建设一支规模宏大、结构合理、素质优良的会计人才队伍。因此，要完善会计人才培养模式，创新会计人才培养方式，大兴爱才、敬才、用才之风，为会计行业发展奠定基础。要继续深入开展全国会计领军人才培养工程，制定《全国会计领军人才培养工程发展规划》，健全全国会计领军人才培养工程及其特殊支持计划长效机制，创新领军人才的选拔、培养机制，完善考核、使用制度，不断充实全国会计领军人才队伍，并持续推进全国会计领军人才培养工程特殊支持计划。同时，因地制宜地引导各地财政部门和中央有关主管单位开展符合自身实际需要的会计领军人才培养工作。推动在大中型企业、行政事业单位配备总会计师（财务总监），深入推进大中型企事业单位总会计师素质提升工程。加快推进管理会计、政府会计、国际化会计人才等行业急需紧缺专门人才的培养，注重发挥用人单位在人才培养中的积极作用，建立健全会计人才联合培养机制，营造高端会计领军人才成长的宽松环境。

要进一步改革会计专业技术资格考试评价制度，改进选才评价标准，完善考试科目设置，提高考试水平与实践能力的匹配度，推动增设正高级会计专业技术资格，形成初级、中级、高级（含副高级和正高级）层次清晰、相互衔接、体系完整的会计专业技术职务资格评价制度。

要认真做好会计专业技术资格考试和注册会计师考试管理工作。会计专业技术资格考试和注册会计师考试肩负着选拔人才的重任，是人才培养和执业准入的重要环节，也是引领会计人才成长的风向标，做好这项工作意义重大。

要不断完备会计人员继续教育制度，增加专科职称才能，使会计训练场所标准化，更深层次推进会计教育变革，增强会计专科学历研究生教育工作。增加会计产业工作思想建立工作，设计会计人员工作思想典范，提升会计人员的工作素养和教养。

### 3.高度重视会计管理队伍建设

担负起艰辛而沉重的会计变革与进展职责，并大力推进会计事务的转换与晋级，塑造一个有思想、有承担、懂专科、有大局观、干实事的会计管理队列的核心是人。会计管理队伍建设需要被各个财政单位着重看重，并设立一种培养机构，它面对基础会计管理人员并把新政策、新制度专科培养与垂直培养相融合，力争把会计管理队伍的才能与素养提高；举行精确化的管治训练、策略训练、理念训练、规章训练和规则训练，对相关人员的技能弱项、体验误区、知识空缺进行训练，使他们的才能和自信提高。聘用与筛选会计管理人员要受到各个地方财政单位的重视，使会计管理队伍拥有越来越多的高素养、有担当、作风优良的干部。同时，每个会计管理人员也要爱惜自身的家庭、工作与人生，坚持正确的理念，自动遵守纪律，认真履行职务，踊跃承担责任，争取奉献自己的力量推动会计行业的发展与变革。

## （二）以创新引领会计信息化

当今世界，信息技术创新日新月异，以数字化、网络化、智能化为特征的信息化浪潮蓬勃兴起。适应和引领经济发展新常态，增强发展新动力，需要将信息化贯穿我国现代化进程始终，加快释放信息化发展的巨大潜能。信息化已经成为开展各项会计工作的基础环境，会计信息化建设是《会计改革与发展"十三五"规划纲要》（以下简称《规划纲要》）所确立的"十三五"时期会计改革与发展的重要领域之一，是实现会计工作转型升级的重要基础。《规划纲要》从会计改革与发展的全局出发，提出了"十三五"时期会计信息化工作的目标任务和措施，明确了会计信息化工作的重点方向，对于推动会计信息化创新，助力会计工作转型升级具有深远的意义。

### 1.推进会计信息化创新的重要意义

会计工作是经济社会发展的基础，信息化是当今世界发展的必然趋势，会计工作与信息化建设密切相关、相辅相成、相互促进。在信息技术创新不断加快的情况下，积极推进会计信息化创新具有重要而深远的意义。

第一，推进会计信息化创新，是顺应信息技术发展趋势、贯彻落实国家信息化战略的重大举措。

第二，推进会计信息化创新，是助力供给侧结构性改革、服务财政中心工作的客观要求。习近平《在庆祝中国共产党成立95周年大会上的讲话》指出，要坚持以发展新理念引领经济发展新常态，加快转变经济发展方式、调整经济发展结构、提高发展质量和效益，着力推进供给侧结构性改革。财政支持结构性改革的重要举措包括支持"三去一降一补"、推动理顺价格关系、推进城乡要素流动、优化投资结构等。

第三，推进会计信息化创新，是顺应市场经济发展要求、提升企业经营管理水平、实现会计工作职能和手段转型升级的有力支撑。会计是通用的商业语言，会计信息在反映企业经营状况、引导资源配置、完善基于市场供求的价格形成机制等方面具有重要意义。

第四，推进会计信息化创新，是顺应经济全球化发展要求，参与国际规则制定和协调的必然选择。随着世界多极化、经济全球化、文化多样化、社会信息化的深入发展，全球治理体系深刻变革，谁在信息化上占据制高点，谁就能够掌握先机、赢得优势、赢得安全、赢得未来。推进会计信息化创新，加强会计信息化标准化方面的工作，全面介入有关国际会计信息化标准的研究与制定工作，充分发挥中国在会计信息化标准方面的国际影响力，不断学习借鉴国外先进成果并大力推进自主创新，积极促进我国会计信息化领域的标准成为国际标准，实现会计信息化工作的弯道超车。

2.会计信息化工作取得的成绩

一是会计信息化工作的顶层设计已经基本完成。会计信息化工作需要调动多方面的积极性共同推进，在各单位的支持下，财政部先后建立了会计信息化委员会、可扩展商业报告语言中国地区组织和全国会计信息化标准化技术委员会。其中会计信息化委员会是我国会计信息化标准体系建设、实施和管理工作的咨询机构和协调机构，成立之初由当时的财政部、工业和信息化部、中国人民银行、审计署、国务院国有资产监督管理委员会、国家税务总局、中国银行业监督管理委员会、中国证券监督管理委员会和中国保险监督管理委员会（简称保监会）等部委以及企业、高校、软件厂商和咨询机构组成。可扩展商业报告语言中国地区组织是可扩展商业报告语言国际组织的正式国家地区组织，成员由会计信息化委员会的成员单位组成，是我国可扩展商业报告语言工作国际交流平台，负责推动可扩展商业报告语言在中国的应用。全国会计信息化标准化技术委员会是负责会计信息化领域国家标准制定的专业技术委员会，负责会计信息化领域的国家标准的起草和制定。

二是会计信息化标准体系的建设已经基本就绪。按照《关于全面推进我国会计信息化工作的指导意见》"标准先行"的思路，财政部以会计信息化标准制定为切入点，重点加强会计信息化标准体系建设，目前已经建立起较为完整的会计信息化标准体系。这一标准体系包括：①可扩展商业报告语言技术规范系列国家标准，用于规范可扩展商业报告语言相关计算机软件，于2010年制定发布；②企业会计准则通用分类标准，用于编制可扩展商业报告语言格式财务报告，于2010年发布，2015年进行修订；③会计软件数据接口标准，用于交换账簿和凭证数据，以国家标准形式发布。

三是可扩展商业报告语言在资本市场、国有资产和保险等监管的应用已经初具规模。目前，可扩展商业报告语言已应用于资本市场信息披露、国有资产财务监管、保险偿付能力监管等相关领域。目前，上海和深圳证券交易所的所有上市公司在年度和季度财务报告披露中使用了可扩展商业报告语言。国资委基于财政部通用分类标准制定发布了国资委财务监管报表XBRL扩展分类标准，逐步扩大可扩展商业报告语言在央企财务监管中的应用。保监会在其第二代偿付能力监管中应用可扩展商业报告语言，目前我国所有的保险公司都已经向保监会报送可扩展商业报告语言格式的监管报告。人力资源和社会保障部在企业年金和职业年金监管领域也在制定相关的可扩展商业报告语言分类标准。可扩展商业报告语言在上述监管领域的应用有助于监管部门提升监管效能。可扩展商业报告语言获得了越来越多监管部门的支持，在我国的应用正不断拓展。

四是可扩展商业报告语言对企业的应用价值已经初步显现。在实施通用分类标准的基础上，部分企业正在探索将可扩展商业报告语言应用从对外报告向内部应用领域拓展，并启动了应用项目。这些项目运用可扩展商业报告语言统一标记企业内部数据，形成统一的结构化数据体系，为管理会计提供高质量的数据支持。目前，已有数个项目完成并投入使用，取得了良好的应用效果。例如，中石油湖北销售公司以可扩展商业报告语言标记了该公司全部信息系统产生的数据，初步形成了涵盖所有业务领域的运营大数据，在传统方法难以量化管理的环节上逐步实现精细化管理。浦发银行以可扩展商业报告语言标记了财务部门和多个业务部门共享的数据集市，实现了服务于管理会计的"业财融合"。随着越来越多的企业探索可扩展商业报告语言的内部应用，我国企业应用可扩展商业报告语言的内生动力逐步增强。

五是可扩展商业报告语言数据的互联互通已经显露雏形。在会计信息化委员会各成员单位的支持下，财政部已逐步建立起一套横跨财务报告领域和不同监管领域的可扩展商业报告语言分类标准"家族"，这些分类标准彼此之间互相兼容，为可扩展商业报告语言数据的互联互通奠定了坚实的标准基础。在这一分类标准"家族"中，财政部负责制定用于财务报告领域的通用分类标准，并联合监管部门制定通用分类标准在不同监管领域的扩展分类标准。这些分类标准采用相同技术架构，对于监管报告中涉及的财务概念，监管分类标准直接引用通用分类标准的定义，不再重复定义，统一标准确保了可扩展商业报告语言数据可以相互兼容，进而使得监管部门之间数据互联互通具备了基础。同时，企业可以将多个监管部门不同的分类标准和报送要求置于同一个信息系统中，以便自动组装并生成对不同监管部门的报告，有效降低了企业对外报送的负担。随着监管扩展应用范围的不断扩大，通过统一标准实现数据 互联互通的优势将逐步显现。

# 第三节　信息化对传统教育的影响

## 一、传统教学模式的特点

我国各阶段教学实践中长期以来普遍采用的教学模式是传递—接受教学模式。它源于赫尔巴特及其弟子提出的"五段教学"，后经凯洛夫等人重新加以改造传入我国。我们又根据教学的实践经验以及现代教育学与心理学理论，对其加以调整，形成了我们今天所说的传递—接受模式。

这种模式的基本程序是：激发学习动机—复习旧课—讲授新知识—巩固运用—检查评价。自改革开放以来，我国的教育界在教学模式上也进行了一些探讨，提出了许多教学模式，但本质上仍属于以教师为中心的教学模式。这种模式的优点是有利于教师主导作用的发挥，有利于教师对课堂教学的组织、管理与控制；但它存在一个很大的缺陷，就是忽略学生的主动性、创造性，不能把学生的认知主体作用很好地体现出来。不难想象，作为认知主体的学生如果在整个教学过程中始终处于比较被动的地位，肯定难以达到比较理想的教学效果，更不可培养创造型人才，这就是传统教学模式的最大弊端。

## 二、信息化教学模式的优势

信息化教学模式是根据现代化教学环境中信息的传递方式和学生对知识信息加工的心理过程，充分利用现代教育技术手段的支持，调动尽可能多的教学媒体、信息资源，构建一个良好的学习环境，在教师的组织和指导下，充分发挥学生的主动性、积极性、创造性，使学生能够真正成为知识信息的主动建构者，达到良好的教学效果。

信息化教学模式的关键在于从现代教学媒体构成理想教学环境的角度，探讨如何充分发挥学生的主动性、积极性和创造性。我们知道，以计算机为主的现代教学媒体（主要指多媒体、计算机、教学网络、校园网和因特网）的出现带来了传统教学媒体所无法具备的特性：计算机交互性、多媒体特性、超文本特性、网络特性。这些特性能够使学生在课堂上的地位有所改变，使学生能够真正积极主动地探索知识，而不再是被动地接受知识信息，成为知识信息的主动建构者。在这种模式下，教师成为课堂教学的组织者、指导者，学生建构意义的帮助者、促进者，而不是知识的灌输者和课堂的主宰。信息化教学模式具有如下的优势。

### （一）丰富了学习资源，有助于优化学习情景

现代教育技术手段为课堂教学所提供的教学环境，使得课堂上信息的来源变得丰富多彩，教师和课本不再是唯一的信息源，多种媒体的运用不仅能够扩大知识信息的含量，还可以充分调动学生的多种感官，为学生提供一个良好的学习情境。

### （二）拓展了教学手段，有助于提高学生积极性

现代教育技术手段的加入，尤其是计算机和网络的加入，使教师的主要作用不再是提供信息，而是培养学生自身获取知识的能力，指导学生的学习探索活动，让学生主动思考、主动探索、主动发现，从而形成一种新的教学活动进程的稳定结构形式。在整个进程中教师有时处于中心地位（以便起主导作用），但并非自始至终如此；学生有时处于传递—接受学习状态（这时教师要特别注意帮助学生建立"新知"与"旧知"之间的联系以便使学生实现有意义的学习），但更多的时候是在教师指导下进行主动思考与探索；教学媒体有时作为辅助教学的教具，有时作为学生自主学习的认知工具；教材既是教师向学生传递的内容，也是学生建构意义的对象。可见，这样有利于提高学生的主动性和积极性。

### （三）推进了个别化学习，有利于落实因材施教

计算机的交互性，给学生提供了个别化学习的可能。计算机可以通过多媒体技术完整呈现学习内容与过程，自主选择学习内容的难易、进度，并随时与教师、同学进行交互。在现代教育技术手段所构造的教学环境下，学生可逐步摆脱传统的教师中心模式，学生由传统的被迫学习变为独立的主动学习，在学习过程中包含更多的主动获取知识、处理信息、促进发展的成分，有利于因材施教。

### （四）引导了互助互动，有利于实现合作学习

计算机网络特性有利于实现培养合作精神并促进高级认知能力发展的协作式学习。在网络的帮助下，学习者通过互相协同、互相竞争或分角色扮演等多种不同形式来参加学习，这对于问题的深化理解和知识的掌握运用很有好处，而且对高级认知能力的发展、合作精神的培养和良好人际关系的形成也有明显的促进作用。

### （五）优化了学习环境，有助于培养创新精神

多媒体的超文本特性与网络特性的结合，为培养学生的信息获取、信息分析与信息加工能力营造了理想的环境。众所周知，因特网（Internet）是世界最大的知识库、资源库，它拥有最丰富的信息资源，而且这些知识库和资源库都是按照符合人类联想思维的超文本结构组织起来的，因而特别适合于学生进行"自主发现、自主探索"式的学习，这样就为学生发散性思维、创造性思维的发展和创新能力的孕育提供了肥沃的土壤。

## 三、信息化教学模式的局限性

### （一）课堂局面不易控制

在信息化教学模式中，教师作为信息源的地位有所降低。在信息获取的过程中，教师的主要作用不是直接提供信息，而是培养学生自身获取知识的能力，指导他们的学习探索活动，因此，教师在教学中的控制支配地位明显地降低了，学生探索性学习的自由空间则更加广阔。教师不再像过去那样直接以知识权威的身份出现，而是要激发学生的学习动机，引导他们在精心设计的学习环境中进行探索，提高解决问题的能力。教师从传统课堂教学中的主讲者转变为管理者、辅导者，而不是说教者，改变了千百年来以教师讲授、课堂灌输为基础的，劳动强度大、效率低的传统教学模式。在这种情况下，教师会失去以往的权威地位，在这个信息丰富的环境中，每个学生在学习过程中可能会出现各种出乎意料的情况和问题，教师必须在不同的情况下做出不同的反应，如果教师在驾驭各种信息技术的能力上有所欠缺，或对课堂上将会出现的情况准备不足、随机应变能力稍差时，就有可能无法很好地控制课堂上的局面，这也给信息化教学模式的成功实施带来阻碍。

### （二）信息化教学条件难以满足

先进的现代教育技术手段的使用，要求学校的教学设备条件不断更新和升级，学校的教育技术水平不断提高。但在幅员辽阔的中国，由于经济发展不平衡，各地的教育发展也不平衡，再加上经济条件的限制，部分学校不具备购置必要教学设备的能力。此外，先进的教学设备对教师教育技术水平要求也较高，这些都为信息化教学模式的施行带来阻碍。

## 四、传统教学模式与信息化教学模式的对比

### （一）理论基础不同

传统教学模式的主要理论基础是奥苏贝尔的"学与教"的理论。该理论主要包含以下三个方面内容："有意义接受学习"理论、"先行组织者"教学策略以及"动机"理论。所谓"有意义接受学习"理论，顾名思义，就是认为学习的真正意义并不是学习具体知识点，而是通过学习获得对知识所反映事物的性质、规律以及事物之间关联的认识。其关键是要把学习者原有认知结构中的某个方面与当前所学的新概念、新知识之间建立起一定的实质性联系。所谓"先行组织者"教学策略是指先向学生介绍与其原有认知结构相联系的、概括性和包括性的材料，然后再具体到学习任务，这样可以使学生的学习更加有效。所谓"动机"理论，则是认为学习者的学习动机将直接影响学习效果。

信息化教学模式不同于传统教学模式，它主要是以"建构主义学习理论"为基础。何为"建构主义学习理论"？该理论认为：学生是整个学习过程中的主体，他们是意义的主动建构者，学生在一定的学习环境下是主动地获取知识，而非被动地接受知识。

### （二）主要因素不同

传统教学模式的主要因素有教师、学生、教学内容和教学媒体。在该模式中，教师要根据教学大纲的要求和学生的特点以及认知基础选择教学内容，在课堂上通过口头讲授以及板书等方式传授给学生知识，课后布置一定的作业。学生通过课堂上的听讲，将所学知识进行吸收、消化，然后完成作业交给老师，老师批改并反馈意见。在这种教学模式中，教师和学生之间虽然存在着一定的交互，但是时间跨度比较大，程度上也比较弱，学生之间的交流也局限于小范围，比如同桌之间、前后桌之间等。

信息化教学模式的主要因素除了教师、学生、教学内容、教学媒体之外，还有教和学的支撑平台。在该模式中，教学方法很灵活，教师可以根据教学大纲的要求和学生的特点以及认知基础灵活选择教学内容，然后制作多媒体教学课件、网络课件，或者设计开发网络课程、精品课程，将其发布到公开的教学平台中心，学生上网进入该中心，注册登录，选择相应课程进行学习。在此过程中，教师可以通过QQ等通信工具布置作业、批改作业并且及时回答学生的问题，学生

之间也可以互相交流，相互提问，还可以用QQ等向教师提问。此外，教师还可以利用网络资源收集大量教学资料用以备课，并为课程资源库添加各种多媒体素材资源，学生可以进入课程资源库查阅资料，进行学习。

### （三）管理体制不同

传统教学模式是在以前的计划经济体制下产生的，所以它带有计划经济体制痕迹。无论是教学计划还是经费预算都是由国家统一编制和下达，其教学任务、学费标准、专业设置等都由国家统一管理，然后由各个学校组织完成。信息化教学不同于传统教学，在"教"与"学"以及管理体制上都发生了深刻的变化。首先，对于"教"的人——教师，必须熟练掌握计算机的常用技术，并对网络功能也有深入的了解，同时还要结合自己的教学经验对学科体系的发展有一定的把握。其次，国家对信息化教学是完全开放的，所以一切具体工作，像专业设置、课程安排、教学进度等方面的市场调研都由学校根据自己的具体情况组织实施。

### （四）社会影响不同

与传统教学模式相比，信息化教学模式灵活性很大，学生可以根据自己的知识基础和兴趣爱好自由选择学习内容，学习的广度和深度都由他们自己掌握。所以信息化教学模式刚一出现就得到了人们的积极响应，迅速发展起来，其拥有学生范围之大，对社会影响之深是前所未见的。

## 五、信息化对传统教学的影响

### （一）信息化改变了传统教学的方式

网络和多媒体技术应用于教育领域，必将对现有教学方式产生深刻的影响，它们的应用主要体现在以下几方面。

#### 1.引入了多媒体技术

多媒体技术可以提供图、文、声并茂的教学手段，使教学过程更加丰富多彩、引人入胜。它的另一个特点是具有人机交互性，教学时人和计算机之间可以进行方便的交流，具体的教学进程和内容可以由学生自由控制。它的使用也极其简单，通常只要会用鼠标点击甚至用手指在计算机屏幕上触摸就可以选择所需的资料开始学习，控制学习的进程。

### 2.网络技术的应用

计算机网络将计算机和通讯相结合，大大拓宽了计算机单机的功能，使得计算机不仅仅只是处理文字和数据，而且具有通讯交流的功能。世界各地的人都可以通过计算机网络相互间进行合作交流。学校里，学生可以通过网络向教师提问，教师也可以通过网络来回答；联网的所有用户可以共享网上的信息和技术。计算机网络也突破了传统观念中的教室、学校乃至国界的约束，例如，现在的网上大学使教师和学生可以在全国各地，通过计算机网络进行正常的教学和答疑，学生之间还可以通过网络相互交流。

### 3.多媒体网络教学系统的应用

多媒体网络教学系统，是由服务器、教师、主机和学生工作站连接而成的计算机网络。教师通过主机控制整个网络的每一个终端，同学生进行交互会话，学生在自己的机器前接受教师的指导进行学习。这套系统非常适合在校园网内部使用，目前已经有很多成熟的产品供选用。

## （二）信息化改变了传统教学的模式

网络和多媒体技术在教学中的应用改变了传统的教学模式，体现出几个鲜明的特点。

### 1.实现了教育资源共享

教育资源不仅与国家的经济水平、教育体制、文化水平等密切相关，而且受到政府和国民对教育的重视程度的影响。因此，从整个世界来看，国家之间、地区之间的教育资源分布是不均匀的。借助于互联网，把各国的教育资源联系起来，供全球分享，这样就可以使生活在教育资源贫乏国家的人们能够学到更多的知识。

### 2.实现了个性化学习

传统的学校教学总是围绕着教师、课堂、教科书进行，从而使得学生自主性的培养与发挥受到限制，教师在同时面对数十个学生、教学时间有限的情况下，很难进行有针对性的学习指导，致使因材施教和个性化学习难以实现。互联网的建立为教学改革开辟了新的途径，提供了一个汇集世界各地先进学校、研究所、图书馆等各种信息资源的庞大的资料库，这便于学习者学习、了解当前社会发展和科技进步的最新知识，同时还可以得到专家们提供的"个性化"的教学指导。在网上，教学内容、教材、教学手段和辅助教学手段（如参观、实验）以及考试等都可以因人、因需而异,自主选择性强,学习者的主观能动性和个性潜能可以得到充分发挥,从而实现个性化学习。

### 3.实现了交互式学习

互联网把文字、图形、影像、声音、动画和其他多媒体教学软件的先进技术有机地融合在一起,可以模拟现实环境,其效果是任何单一方式无法比拟的,有利于学习者对知识的获取与保持;师生无须见面,利用网络讲座、网络辅导与答疑等便能进行课程教学;学习者在网络课堂上可随时发表见解而不影响人听课,同一时间内还可接受两门或多门学科的教育,达到学习目的。

### 4.实现了教育社会化和学习社会化

在现代社会中,科学技术正以前所未有的速度迅猛发展,仅靠学校教育提供的知识供学习者终身享用的传统教育模式显然不能适应社会发展的需要,人们必须从一次性的学校学习走向终身学习。网络教育的发展,一方面可将教育由学习扩展到家庭、社区、农村和任何信息技术普及的地域,提高教育社会化的程度;另一方面,人们还可根据自身在不同时期的不同需要,通过上网有目的、有计划地进行学习。这种学习不仅可以存在于学校或类似机构中,而且可以出现在办公室、娱乐场所、家庭和社会活动中,从而促使"学习即生活"的理想变为现实,帮助人们把生活的学习化作为一种生活状态,最终达到学习社会化。

# 第四节  信息化时代财务会计教学产生的新变化

随着社会经济的发展和信息技术的不断进步,现代信息技术环境下的会计教学也迎来了更多的机遇与挑战。我们要做的是改善信息技术环境,使其能够进一步地完善和提升,促进会计教学在良好的环境中有效地开展,积极探索教学模式,在发展中为会计教学提供可借鉴的经验和新的启示。改善信息技术环境首要了解的就是现代信息技术对现代会计教学的影响。

## 一、信息技术对财会教育培养目标与课程设置的影响

作为一项跨世纪的高校教育,会计教育必须面向新世纪,加快改革步伐,加强信息技术教育,构建适应信息化时代的大学会计教育中的信息技术教育框架,

为适应信息社会的发展及其对会计人才的需要，必须改革课程设置、更新教学内容，注重培养学生运用信息技术的能力。

## （一）信息技术对财会教育培养目标的影响

21世纪是全球信息化的时代，在以信息技术为核心的知识经济中，劳动力资源日益知识化，人的知识成为创造价值的主要源泉。同时，人力资源管理也从简单的人员调配，向人员智力开发、潜能挖掘、知识积累及发挥创造性的综合能力方向发展，教育已成为人力资源管理的一个重要环节。在知识经济中，财会人员的自身价值也发生了质的变化，会计活动已变为一项重要的管理活动，特别是以计算机技术、通信技术和网络技术为核心的信息技术在企业管理中的运用，使会计活动融入经营活动中，并直接参与社会财富的创造。在这种形势下，会计人员在知识结构、基本技能及自我能力的开发等方面，与传统会计人员相比，有了更高的要求，从而对会计教育也提出了不同的要求。

传统会计教育在培养目标上，只注重"应知""应会"，即只要求会计人员掌握会计基本知识和基本操作技能，能够完成账务处理、报表编制及一般的财务管理工作。但在以信息技术为核心的知识经济时代，只掌握会计知识的会计人员不仅难以完成会计工作，更无法胜任财务管理工作。因此，现代会计教育培养目标必须适应信息技术不断发展和企业经营环境不断变化的要求，不仅要培养会记账的会计人员，更要培养能够运用现代信息技术进行财务管理的管理人才。

会计人员不仅要通晓会计理论与实务，掌握现代工商管理知识，具有较高的外语水平，还要掌握计算机操作技能、会计软件使用和维护技能，以及网络技术、电子商务等一系列新技术与新知识。

会计人员应把更多的精力放在组织管理、职业判断、分析预测、参与决策等方面，应具有较强的逻辑分析判断能力和创造性思维的能力，能协助企业领导者进行预测分析和决策筹划。

会计人员作为企业业务的综合管理者，应从会计的角度对业务过程的合理性进行评价，积极涉足新的业务发展领域，敢于采用新方法和新技术。

会计人员应能妥善处理与高层经理、业务人员、客户之间的工作关系，了解企业内部与外部的业务情况，以便更好地发挥辅助决策的作用。在信息技术环境下，企业的业务流程和管理组织将进行重组，传统的金字塔式的企业组织结构将被团队式的以高效率工作小组为基础的管理结构所代替，计算机辅助协同工作将成为企业的主要管理模式。在这种管理模式下，每个成员的工作都可能对企业的整体利益发生重大影响，这就要求会计人员要有良好的团队协作精神。

### （二）信息技术对财会教育课程设置的影响

在众多财经类院校财会专业现有的课程体系中，与信息技术相关的课程主要有计算机应用基础、电算化会计、电算化审计等。在这些课程设置中，计算机及信息技术处理方面课程的比重和深度还不够，不能很好地适应信息技术发展对会计工作的要求。

在现代信息技术条件下，数据共享、网络传输已成为信息管理的主要方式。鉴于会计信息与生产信息、经营信息在很大程度上已融为一体，在设置会计课程时，必须考虑信息技术环境下处理会计信息的需要。首先，在信息技术环境下，许多会计数据直接从业务数据库中获取，会计信息系统中的账、证、表均存储在数据库中，财务人员在进行财务分析和财务管理过程中需调用相关数据库中的数据，因此，会计人员应掌握数据库系统的工作原理及相关技术。其次，会计信息系统是管理信息系统的一个子系统，它与管理信息系统的其他子系统之间均有数据联系，以实现相互协作，共享数据。在信息技术环境下，会计工作向管理方面的转变及电子商务的出现，要求会计人员必须了解和掌握管理信息系统和电子商务方面的知识。

面对信息技术的飞速发展及其在企事业单位的广泛应用，会计教学中应增设与信息技术相关的课程，如计算机网络基础与组网技术、数据库原理、管理信息系统、电子商务等课程。这些课程是会计电算化专业的必修课，会计专业的学生可以根据其爱好与需求进行选修。在这些课程的教学过程中，不仅应加强学生对信息技术的理解和对信息技术应用的掌握，而且要强调对会计信息系统的分析与设计的理解。

为了适应新世纪的发展，我们认为，该课程的内容应该随着信息技术和审计理论与实务的发展不断完善，通过本课程的学习，使学生理解和掌握计算机审计的对象与内容、计算机会计信息系统的内部控制、计算机会计信息系统审计的方法、掌握计算机审计软件，能够正确地分析计算机舞弊的手段并提出防范建议，为学生未来的注册会计师工作打下基础。

## 二、信息技术对财会教学的影响

现代信息技术的应用将为构建新的财会教学模式提供理想的教学环境。当前，高等教育财会教学改革的关键在于如何充分发挥学生在学习过程中的主动性、积极性、创造性，使学生真正成为学习的主体和信息加工的主体，而不是外部信息的被动接收器和知识灌输的对象，教师如何真正成为会计课堂教学的组织者、指导者、促进者，而不是知识的灌输者和课堂的主宰，要实现这样的教学改革目标，就不应离开现代信息技术的支持。多媒体、计算机的特点为传统会计教学模式的改革提供了良好的教学环境。

### （一）多媒体的交互性优化了教学环境

多媒体的交互性有助于激发学生的学习兴趣，充分体现学生在教学过程中的主体作用。多媒体教学注重多感官的刺激，通过多感官的刺激所获得的信息量，比单一听教师讲课好得多，且更符合人类的认知规律，因而也就更有利于教学效能的提高。多媒体的交互性有利于充分发挥学生的主体性。在这种交互式学习环境下，学生可以按照自己的学习基础、学习兴趣来选择所要学习的内容和适合自己水平的作业练习，实现学生学习的自主化、个性化。多媒体的交互性所提供的多种参与活动就为发挥学生学习的主动性、积极性、创造性提供了良好的教学环境。

### （二）多媒体的超文本特性强化了教学效果

多媒体的超文本特性可实现对教学信息资源最有效的组织与管理。超文本（Hypertext）即是按照人脑的联想思维方式，用网状结构非线性地组织管理信息的一种先进技术。我们要充分利用多媒体、超媒体、超文本等方法表述会计教学信息内容，与学生大脑知识的网状结构相匹配，使教学信息内容走向形式多样化、思维个体化、交叉化和综合化，使每个学生都能根据自己的学习需求，寻找学习专业知识的切入点，并且多层次、多角度地对所感兴趣的问题进行探讨分析，再把各种会计学科知识进行有机的组织和链接，最后系统掌握会计理论与方法。根据超文本的特性，可以按照会计教学目标的要求，把包含不同媒体信息的教学内容组成一个有机的整体。例如，在讲授《基础会计学》时，传统的印刷教材对会计核算程序这部分教学内容只能采用文字表述方法，学生由于对会计岗位缺乏了解，对这部分教学内容难以理解，假若我们能深入会计核算单位，用摄像机将单位有关的会计核算工作的全过程，包括审核原始凭证、填制记账凭证、登记会计账簿及编制会计报表拍摄下来在课堂上插播，辅之以相关的凭证、账表等实物展示，再结合会计核算程序的动态演示，把这些包含不同媒体信息的教学内容组合在一起，就能取得较好的教学效果。

### （三）计算机的网络特性提升了教学实效

计算机的网络特性和虚拟特性有助于解决会计教育资源滞后于现实需要的问题，有助于培养学生的合作、创新精神和信息素养。

#### 1.有利于实现教育信息资源的共享

利用计算机的网络特性可以使得教育信息资源实现共享，使会计教学活动的时空限制大大减少。通过建立学院教师教学素材库、学生在线学习资料库和电子作业系统、学生的会计实验软件系统和实验案例库，可以把学院内优质的会计教学资源集中起来，放在学院的会计教育网站，供学生随时随地进行在线学习或下载。利用计算机的虚拟特性，可以创建虚拟化的教学环境，如虚拟教室、虚拟实验室、虚拟校园、虚拟图书馆等，使教学活动可以在很大程度上脱离物理空间与时间的限制。

#### 2.有助于培养学生的合作精神

利用计算机的网络特性有利于培养学生的合作精神并促进发展高级认知能力的协作式学习。所谓协作式学习，就是要求教师为多个学生提供对同一问题用不同观点进行观察和分析比较的机会，目前基于计算机网络环境下的协作式学习主要有讨论、竞争、协同、伙伴和角色扮演等多种形式，例如，教师可以指导一个班级的学生就某一会计热点问题进行研究，显然，网络就成为同学们最好的学术交流和共享研究成果的平台，每个同学可将搜集的资料、自己的研究结论和观点在网上公布，全班通过网络进行讨论，通过网络共享资料、共享观点，协调研究步骤，由此推动学生在各自原有的基础上深化研究，最后完成自己的研究论文。

#### 3.利于培养创新能力和信息化会计能力

创新能力和信息化会计能力是21世纪高素质会计人员的两种重要能力。国际互联网作为世界上最大的，拥有丰富信息资源的知识库、资源库，这些知识库和资源库都是按照符合人类联想思维特点的超文本结构组织起来的，因而特别适合学生进行自主发现、自主探究性学习，学生在国际互联网的知识海洋中可以进行自由探索，对所获取的大量会计学信息进行分析、评价、优选和进一步加工，再根据自身的需要充分加以利用，将对学生形成良好的信息素养起到积极的作用。

综上所述，将现代信息技术与会计教育教学进行有机地结合，将大大优化教学过程，充分发挥学生的学习主动性、积极性、创造性，为学生合作精神、创新能力、信息化会计能力的培养创造最理想的教学环境，而这样的教学环境正是创新会计教学模式所不可缺少的。

# 第三章　信息化背景下财务会计教学创新

本章为信息化背景下财务会计教学创新。第一节为信息化给财会教学带来的机遇和挑战；第二节为信息化背景下高校财会人才培养；第三节为信息化背景下高校财会教学改革。

# 第一节　信息化给财会教学带来的机遇和挑战

## 一、信息化时代财会教学改革的机遇

### （一）信息化时代给高校教育带来的机遇

#### 1.丰富教学资源

网络平台的开放性使得只要接入互联网，海量的优质教学资源、国内外名校的公开课程或各地专家的研究成果，都以开放的形式向广大受教育者敞开。他们不再依赖固定的教学方式，不再局限于课堂资源，可以充分利用互联网平台，根据个人兴趣选择学习内容，分享学习经验，促进相互之间更好地学习。

在互联网模式下，学生不仅可以学习到国内各大高校的名师课程，更能学到国外许多著名大学的课程。比如，慕课平台Coursera和edX。Coursera是由美国斯坦福大学创办的，同世界顶尖大学合作，在线提供免费的网络公开课程；edX是由哈佛大学和麻省理工学院联合创建的免费在线课程项目，由世界顶尖高校联合，共享教育平台，分享教育资源。这些网络平台使学习者可以足不出户，自由安排时间学习国内外优质课程，享受海量在线资源。

#### 2.节省教学资源的成本

一方面，生产成本降低。制作课程时获取素材更加低廉、便捷，在线课程开发制作后可重复利用，其使用、传播的边际成本将无限降低，并且随着课程参与人数的增加，长期平均成本将随着选课人数的增多而降低。另一方面，使用成本降低。学习者根据自己的实际情况选择适合的免费课程和付费课程，可供学习者不限时学习，降低了学习者的使用成本。

3.丰富学习方式

学习者分享资料、学习知识的速度更快。在信息化时代下，他们可以与他人一起探讨琢磨或求教在线专家及教授来处理遇到的学习难题。而传统方式下，学习者只能耗费极大的精力与时间去翻阅书籍、资料来解决学习难题，费时又费力。

传统授课中，虽然老师在相同的地点、时间对学生教授一样的内容，但每个人掌控的程度不同，学习效果也不同。在这种学习氛围下，学生很难跟上老师的节拍，因此学生自身的思维很难被拓宽。而"互联网+"方式下的教学，学生可以自由掌握学习时间跟内容，课堂上的内容可被学生划分为多个知识点，在零碎时间自主学习，自由把握自身时间与知识；也能够在不懂时暂停或下载下来进行思考，让学习变为一种活动，每个人随时随地地学习，极大地把学生的学习热情激励出来。

各种新的学习方式如自觉性学习、互动式学习等被学习者们接连与"互联网+"模式相融合。学习者不仅能充分借用网络科技与多媒体科技，利用网上资料自觉实施双边互动学习，还能够自主掌控学习情况，选用合适的练习方式，自己确定学习目标。新的学习方式被信息化时代所扩充，同时也为学生自主学习提供了资料及舞台。

## （二）信息化时代会计行业的机遇

1.提升会计工作的效率

作为经济管理的基础组成部分的会计工作，在信息化时代更应充分发挥其在处理信息、核算数据、评价管理等方面的优势，利用好丰富的互联网资源，借助"大数据""云平台"等网络资源的力量，实现会计部门的政务公开、电子政务、网上交流等，促进会计工作与时俱进，更好地服务于经济社会的发展。

2.推动会计服务模式升级

信息化时代推进了分工社会化以及新型会计服务体系的构建，同时也促进了会计服务模式的升级，打破地区地域的限制，将线下业务逐渐转变为线上业务，实现了实时记账和财务咨询，为客户提供更多、更高效、更便捷的会计服务。这不仅能够把财务信息提供给传统的企业所有者，还可以借助新兴的网络技术，使会计信息处理更全面、及时、动态化，从而使会计核算更规范、高效、集中，为管理者决策提供更大的帮助。

3.促进会计管理职能的转变

监察、计算和测量是传统会计工作的基础技能，而会计工作在信息化时代依赖"大数据""云平台"等讯息科技，不仅要包含基础技能，还要在治理决断、成效治理、预料解析等方面起作用，从而使会计工作由普遍的财务会计的静态模型变换为新颖的治理会计的动态模型，推动会计技能与工作效率的提升，更充分地把会计的谋划、预料、决断、解析、掌控、监察等作用凸显出来。

## 二、信息化时代财会教学改革所面临的挑战

### （一）信息化时代对传统会计行业的挑战

会计的本质与内涵在互联网的影响下发生了很大的改变，也让其有了一定的延展，但同时也产生了一些问题和新的挑战。

1.会计思维陈旧给从业者造成困难

在信息化时代没有来临之前，一些长久处于惯性思维中的会计从业者即使对变化的数字非常敏感，但仍旧缺乏逻辑思想。在信息化时代，会计信息的传递都是凭借互联网，自动化的会计信息传递方式不仅提升了会计工作的功效，还减轻了会计从业者的工作重担。会计信息化的进程加快得益于日趋完善与连续发展的网络科技，如果会计从业者不想被行业舍弃，那就需要改变自己的守旧会计思想。

2.不断丰富的知识技能给从业者造成挑战

会计从业者的工作在信息化时代未到来之前仅是对账目进行入账和计算、查阅等，很少和别的业务有联系，工作比较单一，所以不需要很高的工作能力。会计工作的情况随着互联网的迅速发展发生了改变，不仅是单纯的管理账务，工作的方式和项目都发生了改变，很多需求在网络处境下实现，与互联网的联系越来越密切。这就要求会计从业者不断学习网络知识以及与会计相关的知识，提升有关的管理能力，只有这样企业运行的效率才能得到保障。同时，会计从业者在学习会计知识方面相比以前有了很大变化，不单要熟悉掌控会计专科知识，与企业相关的企业知识也需要知晓。目前，之所以会计从业者还要面对与法律有关的知

识以及创造能力的挑战，是因为无形资产，如与商业荣誉及知识产权有关的纠纷也时有发生。

3.会计信息资料安全性受到挑战

信息化时代，会计信息数据大多以电子符号的表现形式储存在互联网上，不像以前在纸张上记录，而是将数据记录在硬盘上，但是互联网拥有分享资料的特点，并且具备无穷的伸展性，和以前会计资料的安全性相比，这样非常容易威胁到企业的会计信息资源的安全。第一，网络资料可以分享，在传递和存储会计信息的过程中，其具备受到蓄意修改及窃取信息或非法攻击的可能性，企业因此可能遭受巨大损失。第二，古老证据信息在信息化时代或许会被仿造。在会计事务中，信息由来的基础是最初票据，其对后来的会计信息十分重要。然而信息化时代来临后，会计实施记账任务时，某些人员可能修改最初票据，并且修改的印记找寻不到，这种仿造的会计票据不具备意义，但它会让整个会计进程无效。

4.相关的会计法规滞后带来的挑战

监察会计系统之所以不容易，是因为会计的工作模式在信息化时代表现多样化，但与之相关的法规法律却比较落后。第一，大批的会计信息处理软件随着互联网的快速发展出现在市场上，其中很多盗版产品会产生巨大的负面影响，对于公司的财务管理来说，很难保障会计信息的切实性与保密性。国家缺乏这类的法律法规，如保护正版产品的力度不够，十分不利于会计行业监察会计信息。第二，互联网的发展和普及使很多电子商务公司成立并发展，然而我国还未健全与之关联的法律法规，缺乏网络会计的法律法规，很难完全监察这些企业，以致会计治理成效不大。同时，网络会计存在危险的原因是监察不力，因为监管不足也就无法保障会计体系的安全性。

5.会计面临国际化发展的挑战

持续发展的电子商务与渐渐普遍的互联网使得人和人、企业和企业不必受空间与时间的束缚，从而使他们的关系变得更加亲密。电子商务的范畴随着全球经济一体化的发展变得更为广泛，群众能够与远距离的客户凭借互联网往来，并且在极短时间内可以成交数目巨大的额度。这也表明企业之间的竞争更加强烈甚至已波及全球。企业只有不断增强自己的竞争力，才能取得长足发展，在会计方面必须熟谙与知晓国外流行的会计轨制、会计计算办法和财务报告的相关轨制，并且要想应付国际化发展挑战，就需要找出与自己及我国国情相适应并且在国际上普遍运用的会计程序与会计制度。

### （二）信息化时代对高校教学的挑战

#### 1.外来文化对我国高校教学市场的挑战

传统高等教学的市场壁垒被信息化时代所打破，使高等教学资料的跨国界流通与高等教学市场的跨国际拓宽成为可能。以慕课为首的线上课程不但表现了一种新型教育模式，更把新的教学形态催育出来，因此促进了教育生态的塑造与高等教学市场布局的重建。引入国外优秀教学资料，不仅会给国内高校带来生存压力，也将威胁国家的文化安全。尽管科技不分国家，但在传播过程中避免不了渗入西方资本主义价值观和意识形态。现在，文化软实力已变为竞争的重要部分。渗入的外来文化不仅对国家文化安全造成威胁，也让国家的文化软实力受到影响。

祖国的将来以及社会的精英恰恰是高校学生，如果我们的教育阵地渗入外国的教学资料而不能被自己的优秀教学资料所占据，那么大部分青年学生将被影响，后果非常严重。

#### 2.新理念对我国高校教学模式的挑战

以稳固课堂为主依然是目前高校的教学方式，而兴盛的慕课、翻转课堂等将固定教育转变为以互联网为介质的新颖教学方式，学生变为课堂主角，自觉学习，教室不再是唯一的学习地方。在线学习伴随着迅猛进展的移动学习终端而成为生活不可或缺的东西。如果不是社会用人轨制与学历轨制来限制，那么高校的传统教育模式一定会被互联网所打击。训练知识型人才是高校的教学观念，然而高校学生的目的大多为毕业顺利找到工作，对学校安置被动接纳，所以，要想在激烈的竞争中不被淘汰出局，一定要塑造高校的教学观念。

#### 3.高校教师面临自身角色转变的挑战

信息化时代，互联网教学方式下，高校老师应适应从信息的展览者向解答者、辅助者的转变。翻转课堂的方式下，学生变成了课堂的主角，教师先录制好视频，学生依据课下观看的由老师提前录好的视频，自觉学习，课上老师对学生的问题提供专门的解答。互联网教学方式下的高等教学对老师有了更高的要求，要掌控坚实的信息科技教学技能，提升信息科技教育能力，加快与新型教育方式相符合。这对老师传承的教育观念造成了冲击，特别对于中西部地区的一些老师。尽管教育公平被国家所倡导，并且供应了信息化设施激励发展中西部地区的教育，但一些老师仍旧使用守旧的教育方式，没有实质性的进展与变化，墨守成规。所以，应转化理念，加快与以互联网为主的新型教学方式相融合。

4.学生面临学习方法与技能的挑战

学习资料在互联网笼罩的现代具备充足性和开放性的特点，但参差不齐，因此学生要想真实掌控知识，要学会选择有用资料并解释吸收信息。学生在互联网教学方式下可以随意选择学习内容与时间，但表现出反复性、杂乱性，所以要学会运用零星时间分离无用信息，构造知识网，将散布的知识点体系化，把握中心知识。开放的网络一定会凭借和学习无关的内容扰乱学生的集中力，进而减少学习功效，起到相反作用。所以，在互联网方式下对学生的学习技能、自主性等有了更高的要求。

# 第二节　信息化背景下高校财会人才培养

## 一、高校财会专业人才培养目标

市场对人才的需求正在发生变化，人才培养目标也是动态的。高校院校会计教学也应适应这一变化，不断深化教学改革。根据我国的具体情况，我国的高校教育培养目标应该是：不仅要培养学生成为适应市场需要的专业人才，而且要培养他们适应未来的综合素质。然而，市场对人才的需求是变化的，这也决定了高校培养的目标也是动态的。

### （一）高校财会专业人才培养目标的动态分析

1.良好的职业道德、自律性和敬业精神是培养会计人才的首要目标

网络时代下，企业对财会人员的职业道德、自律性和敬业精神要求更高。财会人员要面对各种数据并对其进行处理，而这些数据都是反映企业财务状况和经营成果、具有实际价值的数据。因此，要求财会人员必须保证数据的合法安全，并具有良好的自律意识、法律意识和职业道德，保证自身不会危害企业经济信息的安全。职业道德是财会人员从事财务会计活动应遵循的行为准则，它要求财会人员应具有科学的世界观、人生观和价值观，具有健康的人格和社会责任感，有强烈的责任心、敬业精神及开拓进取的事业心和人生态度。

2.掌握基本的专业知识是基于市场基本需求的会计人才培养目标

这是高校培养的基本目标，但是这一目标也是变动的。专业知识是会计人

员素质的特质，是职业判断能力的基础，也是会计人员应具备的最起码的从业知识，主要包括会计基础、财务管理、相关行业的会计理论及管理会计和会计电算化等。会计电算化显得尤为重要，它是减轻会计工作量、提高会计工作效率的保证，也是会计信息化的前提。但专业知识也是变动的，例如，基础会计、财务会计等课程内容随着国家会计准则的变化而变化，再如，现在掌握的是会计电算化，属于计算机记账，随着会计信息化的普及，计算机信息技术方面的知识应该加强，会计电算化课要向会计信息化课转变等。

3.提升会计人员的实践技能，是基于就业导向的会计人才培养目标

据近几年毕业生的招聘会可知，用人单位为追求效益最大化，首先考虑的是毕业生的实践技能，以便到单位就能胜任工作。这样一来，用人单位不需花费更多的培训费，毕业生就能为企业提供优质服务。

4.不断提升的综合能力是培养会计人才的必要目标

主要体现在：观察能力、操作能力、学习能力、记忆能力、思维能力、管理能力、想象能力、交流能力、智力与人际关系等多方面相关知识。会计人员除了具有以上能力外，还要了解国际形势的变化，同时必须要熟悉国内会计法规及财政、税收、金融等相关知识，也要熟知其他国家或国际会计准则，这是会计人员提高职业判断能力的必要条件。因此，综合能力也是变动的。

5.不断提高的计算机水平是基于互联网的会计人才培养目标

随着会计信息技术普及，企业对会计人才使用计算机水平的要求不断提高，要求用信息技术进行账务核算分析、财务决策，提高工作效率，从而有利于实现企业利润最大化的目标。因此，会计人员必须具备熟练的计算机操作技能和掌握数据库、网络技术等一系列新技术、新知识，以提高自身的业务素质。特别是信息化条件下，网络技术的革命带来企业管理、营销方式、财务管理的革命，尤其是电子商务的出现直接影响了会计信息的处理和披露，同时也改变了人们的办公方式，财务软件向网络化、管理型发展，迫切需要会计人员掌握必要的网络和应用软件知识。由此可见，培养目标要体现现代信息技术知识和操作技能。

6.不断加强的外语水平是基于经济全球化的会计人才培养目标

随着经济的全球化，企业对毕业生外语水平的要求日益提升。根据通常的习惯，作为沟通和交流的语言一般都是英语。在经济发展全球化的今天，商品交易日益国际化，充斥着大量外语的商业信函、重要合同文本、往来凭证等，支付手

段也存在于国际交往之间，更何况在以英语为支撑语言而形成的网络时代，是否懂英语已成为衡量一名财会管理者是否合格的标准之一。

## （二）基于动态培养目标的高校会计教学改革

高校财会专业的教学是会计教育的重要组成部分，为适应市场对会计人才的变动要求，我们要深化高校会计教学的改革，培养能适应市场需求的高级实用型人才。

### 1.根据培养目标的变动，经常调整高校会计教育课程设置

总体目标是培养能够适应市场需求，具有扎实的会计专业知识和广泛的相关知识及卓越的创新能力的管理会计人才，但是不同的经济时期其培养目标是有变动的，因此在课程设置上要适当调整。例如，在当前的信息网络环境下，教学计划里应多安排有关计算机及会计信息化方面的课程；在经济逐步全球化的今天，应不断增加外语的开课力度等；为提高会计人员的综合能力，还应该多开设一些财经类相关课程，以扩大知识面，鼓励学生多参加一些有益的学校社团活动，以提升学生们的交际与实践技能等。

### 2.注重在校大学生良好职业道德的培养及团队合作精神的塑造

在专业知识和综合能力及实践技能培养的基础上，要让良好的职业道德与团队合作充实大学生们的意识。其体现在财会人员必须具有客观公正的态度，以客观事实为依据，实事求是，向信息使用者提供客观、真实、准确、可靠的会计信息，避免隐瞒、遗漏、提供偏颇的信息，损害他人的利益；必须廉洁自律、坚持原则、秉公办事，不滥用职权，不利用职务之便谋取私利、贪污犯罪、营私舞弊；必须遵纪守法，依法履行职责，维护财经纪律，敢于抵制、纠正、揭露违法乱纪行为，保护国家和公众的利益；必须敬业爱岗，热爱本职工作，尽职尽责，加强管理，提高服务质量并与其他职员团结协作。

### 3.自学能力的培养

高校应教育大学生从业后要不断进行后续学习，以提升职场竞争力。就业后，还会面临失业、下岗等，不断地学习、进修可以使自己成为职场的胜利者。根据《会计法》的规定，从业会计每年都要参加当地财政部门组织的会计继续教育，会计证才能年检过关；财经法规及相关会计业务随着我国经济形势不断变化，从业会计应不断自修学习才能适应工作需求；工作中应不断积累经验，多向前辈学习、请教，来提高自身的综合业务素质；工作应孜孜以求，利用好业余时间不断自

修会计资格考试的课程，条件成熟时要考取更高一级的会计技术资格；为进一步提高业务水平，可申请参加国家级大型会计培训或企业会计学术研讨会等。

4.搞好校企联合，突出实践教学

在当前高校毕业生就业形势不乐观的前提下，应进一步强化实践技能课的开设，以进一步提升高校毕业生实践技能。在准确确立了职业规划和学习目标后，不但要注重课堂学习，掌握扎实的理论知识，还应注重会计实践课的学习，重点提高大学生的会计实践技能。各高校院系应采取多种措施来增加校企合作单位，以增加更多的会计实习岗位。

同时，在制订教学计划时，应增加会计实践课的学时，随堂实习应规定不少于一定课时，综合实习要做到三结合，即手工和电算化同时进行之后，要带学生到企业顶岗实习；作为在校大学生，更要充分认识到提高自己实践技能的重要性，因此平时要多思考、多做课堂实习题，多到会计手工实验室和电算化试验室进行操作练习，利用好课堂试验与毕业综合会计实习，多做多练，并且利用寒暑假到企业顶岗实习，以提高实践技能，积累实践经验。

5.考核方式的改革

考评内容要全面，考评的范围要广泛，考评的方法要多样化，应该以用人单位为导向等。考试的目的不应是检查学生背多少、记多少，而应该是检查学生会用多少。

# 二、信息化时代高校财会人才教育现状

在信息经济的背景下，我国的会计信息化水平也在不断提高，特别是加入WTO（世界贸易组织）之后，国际一体化已经成为现实，会计信息化建设的发展迫在眉睫。

## （一）当前会计信息化教育的发展状况

### 1.计算机技术普及推进会计信息化教育的进程

自20世纪80年代会计电算化起步到21世纪，会计信息化经历了一个飞速发展的过程。由简单的计算机代替手工记账、算账、报账，到90年代的商品化、通用化软件，再到今日的管理型软件发展阶段，会计软件已不再仅仅作为手工记账的替代品，而且还具备了对企业内部的财务资金管理、提供控制决策等功能，进而实现信息的集成化。

当然，信息化的发展离不开适应时代需要的具有综合能力的人才，这样现实的要求使得高校面临着前所未有的挑战，各大院校要根据社会需求及时调整人才培养计划，转变人员培养方案，加大对信息化系统的投入，调整会计人才培养方向，在会计专业的教学中应设置会计电算化课程，课程教育实现"一人一机"，使每一个会计专业的学生都能有机会学习会计软件操作，切实地保证会计人才的优化培训。

2.各高校加强会计信息化技术课程的建设

会计电算化课程教育更多地是作为会计专业学生的必修课，在课程的学习中，要求学生简单了解会计应用软件的基本知识，进行上机的实际操作，学会进行会计账户的初始化，编制会计分录，依据原始凭证在系统中生成记账凭证，进行审核凭证，转账结账，进行试算平衡，最终将会计信息生成会计报表。通过对软件的学习，学生可以初步掌握会计软件的应用，这样有助于以后到企业中更快地掌握技术，熟悉业务。

## （二）会计信息化教育发展中存在的问题

尽管全球信息化使得高校积极努力培养复合型会计人才，以适应社会企业的需要。然而，在会计信息化对人才的高要求高标准下，高校对会计人员的教育问题也初见端倪。

1.电算化课程学习不够深入

即使高校教学计划中设置了会计电算化课程，但是会计电算化课程的学习内容比较浅显，大多只是在总账下的账务处理，讲授的实例也多是以工业企业为核算对象，发生的经济业务较少、较单一，只是简单讲授最基本的业务处理。然而在实际工作过程中的情况远比理论中的复杂，主要有几方面：①会计业务信息的处理涉及的内容广泛，不单单是总账处理系统的业务，企业级会计信息系统还有应收应付账款子系统、固定资产管理子系统、工资核算子系统、通用报表子系统、存货核算子系统、成本核算与管理子系统等诸多系统下的业务处理，但这些都是学生从没实际接触过的；②实际上，经济企业单位不都是工业企业，工业、农业及服务业等各行各业都要实现会计信息化，并且各类行业不同，企业也都有其特殊的经济核算业务，所以学习时只是以工业企业为例，限制了对学生教育培训的范围，这样不能够更好地迎合社会信息化进程中市场对人才的需求；③一个企业的经济业务也是多种多样的，而学习中的经济业务处理多是简化的，所处理的最多也就是几十笔经济业务，甚至达不到一个经济周期发生的业务，所以在教育中这样的人才培训方式没有减轻企业对职员再教育的压力，学生走出校门后对会计岗位还需要经过一段相当时间的熟悉，才能熟练操作。

2.教学课程的权重分配失衡

现行的会计教学体系虽然已经随着会计制度的改革做出了相应的调整，高等院校在会计课程体系方面基本采用"双轨运行"，即一条线是会计专业课程，主要包括初级会计、财务会计、管理会计、成本会计、财务管理等；另一条线是计算机类基础课程，涉及计算机基础、计算机程序及会计电算化课程。但是，在课程设置的比重上严重失衡，前者的课时学分占全部教学任务的近70%，而后者不到10%，尤其是会计电算化课程的课时较少，学生根本不能从课程中学到信息化系统的更多知识。两条线上，课程课时设置之间的差距使得会计专业人才的教学目标偏离了社会信息化对人才的需求，最终的教育结果是更多的学生偏重于专业课程，而忽视了计算机应用在实际生活中的重要地位。

3.对会计信息化技能培训的重视程度不够

由于我国会计信息化起步较晚，受科学技术水平、法规制度、理论知识体系等多方面的限制，国内会计专业人才的培养主要都是以会计理论知识为主，辅以实践学习，对会计工作的实际操作及其他技能方面的指导重视不够，培养的会计专业人员大都缺乏在实际实践中应用理论知识的学习背景。在这种实践学习落后于理论学习的教育模式下，由于外界经济环境的多变，使得培养的人才难免会滞后于会计业务处理环境的变化，尤其是对于一些没有实际操作经验的应届毕业生。他们作为会计人员从业后，对会计活动认识不深，缺乏现代信息意识，只注重会计的核算，忽视会计分析与会计管理的重要性，缺乏利用信息技术处理信息的感性认识，影响会计信息化发展进程。

4.会计信息化课程与理论课程脱钩

虽然会计教学的过程中引进了计算机、会计软件等辅助教学设备，但这些毕竟还只是停留在辅助教学的层面上，会计教学没有根本性的创新。会计信息化系统没有深入理论学习中，没有得到应有的发挥。当前，会计专业基础课程的实践工作更多的仍然是传统的手工做账方式——手工制单、手工记账、手工制报表，而会计电算化知识的学习往往会重起炉灶，脱离会计专业基础知识课程的学习内容，这样的教学结构使得会计信息化技术没有从根本上为理论课程知识服务，理论业务也没有在电算化的实践教学中得到应用，两者的脱钩影响了各自的学习效果。

# 三、信息化时代"互联网+"背景下财会人才培养

## （一）"互联网+"对财会职业的影响

### 1.对会计职能的影响

移动互联网对会计职业的影响首先体现在对其职能的影响上。在以前的会计工作中，会计核算、会计监督构成了会计的两个主要工作内容。仅仅是这两项工作就让会计工作者应接不暇，耗费着大量的人员和物资。对比起来，会计的其他拓展职能，如会计预测、会计决策、会计管理发挥的作用则微乎其微。随着"互联网+"的进入，高科技互联网手段的运用使得会计工作变得简便、快捷、高效，节约了工作人员的时间和精力，使大家参与到预测和决策工作中，发展了会计的拓展职能。另外，从市场经济的环境上讲，迅速发展的市场环境也需要会计人员在企业的发展中发挥管理职能，将会计的各项职能综合运用，为企业更好地服务。

### 2.对会计服务模式的影响

移动互联网的到来改变了会计传统的服务模式，会计工作的形式从线下工作转变到线上操作，摆脱了以前受地域影响的限制，有力地构建了新的会计服务体系，实现了经济共享新模式。

会计共享经济的新模式能够节约企业的投资成本，受到了众多企业的青睐，各行各业都跃跃欲试，如在2016年，阳光保险就首次运用互联网平台将会计工作内容进行划分，细分后的工作由广大的互联网用户接单完成。用户将工作完成后由已经设置好的系统后台程序进行逐一环节评定，这种财务众包形式平台的使用让企业的财务作业共享社会人力资源，为企业大大节约了投资成本。

### 3.对会计工作流程的影响

我们知道，会计所包含的工作内容非常细微、琐碎。以前的会计工作每项都需要付出大量的时间等待，其中企业实务花费的报销就是明显的例子，每每报销都必须经过各种批示，层层下来已经浪费了非常多的时间。然而，移动互联网的运用改变了这一点，它使会计工作运用科技手段进行线上操作，工作简单明了，效率大大得到提升。

随着互联网的普及，越来越多的实力企业都实现了会计工作的线上操作。报销内容已经可以通过相关专业软件完全实现网上提交、审批、支付的全过程，

工作人员不用见面，不受任何地域影响，也不再考虑时间限制。专业的软件会设置固有的报销单据模版，工作人员按照模板提交信息，平台会按固有程序步步移动直至走完整个流程。我国已经有多家企业将财务工作运用平台系统进行统一操作，工作的准确性、高效性大大提升。

### （二）传统会计专业人才培养模式存在的问题

#### 1.培养目标已经不能适应时代特征

移动互联网时代已经到来，传统会计专业人才培养模式不能及时跟上时代的脚步，教学目标还停留在只重视会计专业中核算、技能部分，忽略了会计管理以及会计学生的素质教育。传统会计专业人才培养模式仅将教学目标在教育部制定的教学目标上稍加修改，没有注重当下时代发展的趋势，只重视实际操作，对其他会计专业应具备的拓展技能，如管理职能、创新职能、决策职能等过于忽视，这将导致将来毕业生们不能更好地适应信息化时代下的会计新任务。

#### 2.专业课程体系设置落于窠臼

传统会计专业人才培养模式下的会计课程体系不能跟上信息化时代对会计人才的全面性需求，这些课程的设计没有从之前的线下作业背景中脱离出来，绝大部分课程依然是在培养学生的基本核算技能，鲜有的运用互联网的课程只是学习一些简单财务软件的操作方法。然而，当今时代对会计人才的需要早已不仅仅是计算操作，对于企业而言，会计在新时代同样需要具备对财务数据的分析能力、运用能力、预测能力等综合素质，而这些培养重要综合能力的课程并不在传统会计专业人才培养模式下的会计课程内容范围中。

#### 3.师资力量严重不足

移动互联网发展迅速，很多高新的技术手段不断覆盖各个企业，企业对网络时代会计人才的需求不断加剧，然而目前作为输出会计人才的院校来说，高效率地培养适合人才又有相当的局限性。第一，传统的课程体系存在已久。部分老师们对新的科技模式没有深刻学习掌握，难以及时顺应时代进行更新，只能在原来的体系上教授学生，不能及时将新的知识进行传递，对应时代的移动互联网知识无法教授给学生们，学生们也难以锻炼相关新技能。第二，具备移动互联网相关专业知识的教师不足。由于"互联网+"是一种快速发展的新科技，符合时代的新型人才的培养和成长难以跟上社会的需求，会计专业具备先进专业知识的老师同样匮乏，这就极大地限制了会计院校对会计专业学生们的教授和培养。

#### 4.教学手段缺乏新意

网络时代之前，我们的教学模式主要是老师讲台上讲课，学生们一般不会进行参与，只是在讲台下面被动接受老师的讲课内容，这也是受时代背景的影响，因为当时没有丰富的教学模式，这种非双向的形式无法激发学习者的兴趣，也不能实现活泼踊跃的课堂氛围。值得庆幸的是，迅猛发展的移动互联网改变了这一点，随着各种云服务、各种大数据的应用，多变的教学模式被不断加入授课中，新的教学方式使得教师和学生的互动双向进行。教学课堂由被动到主动、由沉闷到踊跃，在学习过程中锻炼了学生应用课本知识进行实际操作的能力，提高了其全面发展的综合素养。

### （三）"互联网+"背景下会计人才的危机

首先，如何维护互联网信息安全不泄露。移动互联网带给会计专业人员方便快捷的同时也存在一定风险，企业数据在互联网的背景下实现了极大的资源共享，透明度的不断增加使不法分子极易窃取商业信息，这就对企业商业秘密的信息保护手段提出了更高的要求，需要工作人员同时具备良好的技术手段和高度的警惕意识。由于企业会计信息对其发展和存活有着举足轻重的作用，在瞬息万变的网络时代，极易泄露的数据信息需要会计工作者拿出百分百的责任心去守护，是对会计人员专业度、综合素质的全新考验。

其次，专业人才接替和企业人才需要的矛盾。大数据时代的快速发展使得新的技术手段迅速覆盖到各个行业，企业对专业会计人员的要求既有专业的线上操作又有综合的素质水平。然而，一些院校输出的会计人才难以完全跟上时代发展进程，导致能够真正符合当下企业要求的高水平人员不足，待提高人员较多。互联网的迅猛势头加速了这种矛盾的出现，是目前我们面临的一大问题。

### （四）"互联网+"背景下会计人才的机会

第一，信息化时代开启了信息和资源共享的新模式。移动互联网使得会计工作操作突破了空间、地域的限制，走出了信息局限的工作模式。新模式下会计人员通过利用共享信息大大加速了工作进程，节约了时间资源、物质资源，能够更好地将精力运用在优化工作质量上。

第二，"互联网+"为会计人才提供了更为广阔的发展平台。互联网通过供需信息的充分共享使得招、应聘信息透明化，无形中按需分配了信息资源，无限拓展了就业机会，也增加了企业和会计人才双向选择的空间，使得双方都可以找到对应的人才和岗位。

第三，"互联网+"背景下会计人才获取相关信息更加便捷。大数据的无限共享便于会计工作人员敏锐地洞察行业动态，处理和解决问题愈加及时、迅速。工作人员通过多样的、新型的办公手段节省了地域成本、空间成本，进而做到高效及时地更新、归纳工作内容，可以说互联网的发展带来了会计行业无限的崭新提升渠道。

第四，信息化时代提高了会计人才对于相关财务信息利用的效率。移动互联网的发展迫使旧的会计工作理念进行改变，打破了原有的工作方式，由低能向全方位综合能力提升。大数据下无限资源和信息的共享为会计人员提供了广阔的学习方向，专业人员在工作过程中可以利用新的途径获取新信息，发挥自己的独特专长，充分改进工作质量，人员能力的提高使得企业运作成本也大大降低，从而能更大发挥其经济价值。

第五，信息化时代下企业提高了对会计从业人员的要求。网络时代促使企业对专业人员的要求提高，当下企业需要的是高度专业的、综合能力过硬的专业人才，这就需要会计人员接受过会计高等院校的学习培养，具备专业知识和素养。

## 四、基于企业需求的高校财会专业人才培养途径

从我国会计人才市场和会计人才需求来看，中小企业对会计人才的需求是非常紧迫的。如何创新和完善会计人才培养模式以适应中小企业的发展，是当前我国会计专业人才培养模式创新的一个重要问题。

### （一）中小企业财务会计的特殊性

由于中小企业在财务管理和会计核算方面与大企业或上市公司之间存在着较大区别，使其在会计人才需求方面也存在特殊性，这些特殊性主要表现如下。

1.财务会计核算运行与制度规范有较大差异

一些中小企业主对会计工作的无知和误解以及部分企业主的独断专行，导致企业的内部核算和内部控制混乱，也干扰了会计工作的正常进行，造成了一些企业会计核算的实际做法在很大程度上与现行的制度规范有一定差异和背离。其主要问题在于会计核算的反序运行，即以税定账、以税建账、无账运行或套账运行等等，表现为企业各种财务制度的残缺不全或选择性设置。从微观上讲，造成会计信息披露难以客观、公正；从宏观上讲，使国家难以全面真实掌握企业经营状况及税务负担，就难以制定切合中小企业实际情况的管理政策。

**2.中小企业财务会计与税务、债务、内务等方面的关系**

中小企业在财务会计管理和实务中存在"三个密切关系"，具体如下。

第一，与税务部门的关系是无法割离的，这使企业的财务会计需要有更多的应税方法和处理技巧。

第二，与债务方也存在着理不清的密切关系，除了与银行等金融机构的"官方"债务关系外，还有与各种信用机构或组织的"半官方"关系，以及广泛存在的内外部的民间借贷和私募所形成的债务关系，处理、协调好这些债务关系委实需要企业财务会计人员具有"特殊才能"。

第三，与内部管理和利益方存在无法割离的关系，与一般股份制企业不同，甚至与国有、集体企业不同，很多中小企业在经营管理、内部权力结构、外部关系等方面存在大量的利益及其博弈关系。"利益方"关系的存在使企业财务会计在真实信息、会计处理、收益分配、支付管理等方面有很多特殊的内容和方法。这是会计人员在日常管理和业务工作中需要认真对待的。

**3.资金运行和财务会计管理高度统一**

我国中小企业的组织结构大多采取独资企业或合伙企业形式，这些企业一般仅有一个（或家族）业主，其组织结构简单，业主往往具有所有者和经营者的双重身份，同时拥有企业的剩余索取权和剩余控制权，从而使得以股权广泛分散为特征的现代企业制度下产生的信息不对称问题及由此产生的各种代理问题在中小企业中出现的概率微乎其微。企业所有权与经营权的高度集中，导致"会计乃工具"成为在中小企业中的管理层看待会计人员的一致态度和普遍现象，也成为会计信息不真实的主要制度原因。中小企业资金运行和财务会计管理的高度统一，为企业主的不规范会计管理提供了极大的便利，同时也给企业的发展带来了不良影响。

**4.成本费用分布不均和企业负担沉重**

一方面，为应对狭小的市场规模和有限的生产规模，中小企业会不断压低生产运作成本，缩减相关费用。另一方面，由于缺乏融资渠道，造成企业融资成本费用很高。此外，中小企业社会负担沉重，尤其是资本积累被大量耗用，在相当程度上影响了企业的结构调整和扩大再生产，从根本上影响了企业未来的竞争力。

综上所述，中小企业财务会计人员与一般大中型企业相比，迫切需要解决三个"素养"问题，即会计人员的"综合"素养——各种财会业务岗位甚至超出财会业务的岗位的职责和能力集于一身；会计人员的"职业"素养——既要适应和正确处理各项企业事务又要忠实于企业运行的实际，既要对老板忠诚又要对其施加影响，既要服从又要具有公正的双重责任；会计人员的"全能"素养——即应对税务、债务、内务、业务的全方位能力，既要有理论与实践的才能又要有灵活与规范的技巧；既要有应对各种日常的会计、管理、核算、信息报告分析等的业务能力，又要有灵活处理小而杂、少而怪的业务事项的本领。这就是中小企业对财务会计人员的真实需求和现实需要。

## （二）适应中小企业会计专业人才培养制度的创新策略

### 1.重视会计专业人才培养

我国会计人才培养正面临的问题很大程度上在于我国社会经济和教育环境，对会计专业人才素质缺乏应有的认识是导致我国会计人才尤其是中小企业会计专业人才培养状态不甚理想的重要原因。国际会计师联合会（IFAC）公布的《职业会计师国际教育准则》中，将会计人员应有的素质分为知识、技能和职业价值观三类，同时，将职业道德和职业价值观、沟通技能、交流技能和理性思维能力作为核心素质。国内外学者有关会计人员应当具备的素质研究中，大多数研究者认为会计专业人才（会计人员）的最主要素质分别是：商业管理技能、商业管理知识、核心知识、个性特征、基础知识和技能。

面对不断变化的社会经济环境和基础教育在创新能力培养方面的不足，会计人才素质培养必须树立创造性教育、终身教育、人本教育和技能教育的理念，从而突出适应中小企业需要的会计专业人才培养模式。

### 2.构建合理的课程体系

按照"宽口径、厚基础、高素质、强能力"的培养思路设计教学方案，改变长期以来注重专业需要和偏重知识传授的做法，综合考虑调整学生的知识、能力、素质结构，改革教学内容划分过细、各门课程过分强调系统性和完整性的状况，加强不同学科之间的交叉和融合。

（1）对会计专业的基础课程应适当压缩整合

避免教材内容僵化和重叠，增加对定义及不同观点的探索。同时，应将中小企业财务会计的内容融入教学中，既有针对性的讲授，又要为学生的就业打下坚实基础。此外，还可适当选择一些必要的课程作为必修课或鼓励跨学科选修，既不占用太多时间，又可以让学生领略到其他学科知识的精华。

（2）应将学科内容划分为基础课程和应用课程

基础课程应以学生的知识和能力的培养为重点，例如，强化各级别财务会计的学习和运用。应用课程应使学生在学习基础课程的基础上，深化各门类会计、非营利组织会计和运用型会计这类课程的知识掌握。

（3）对会计专业的课程体系进行改革创新

要充分考虑专业知识结构和企业需求结构的一致性。从专业结构上讲，要在基本知识、相关知识的基础上，加大专业知识和专业能力的培养；而在适应中小企业需求方面，要着重企业成本核算、会计方法及财务会计与税务、债务方面的能力培养，增设税务、信贷、工商、进出口业务等办理的具体业务课程，并加大基于此的实践能力强化训练；在创新能力方面，要注重对中小企业在投融资能力方面和税务实践方面的训练和培训。同时，还要加大对会计方法（包括处置、操作、研究、比较分析等）的教育、养成和启发。改革现有课程体系的核心问题，一是注重能力、应变力和创新，二是注重操作和知识体系。

3.改进教学方法

教学目标体系的调整并不意味着放弃系统知识的教学，而是要求教师应用现代高科技教学手段与技术组织教学、传授知识，大力推行教学互动类方法，要多层面、全方位地采用"案例教学法""讨论式教学法""实践式教学法"和"创新式教学法"。其中，前三种教学法是典型的互动式教学法。

案例教学法首创于美国哈佛大学商学院，以其先进的理念、富有启发性的教学方法在MBA（工商管理硕士）教育中得到了广泛的应用，由于其具有针对性的实施方式，成为现代管理培训中一种不可替代的重要方法。案例教学法的应用要求在学生学习和掌握一定会计理论知识的基础上，将会计案例引用到教学中，通过教师的引导、分析，对案例中的会计问题或困惑找出解决方案并要求形成书面报告，最后由教师进行评述和归纳总结。通过这样身临其境的体会，深化学生对理论问题的理解，增强他们分析与解决实际问题的能力。

讨论式教学法应用是在教师主导下，通过设置若干与课程相关的问题并引导学生思考，促进学生自觉主动地参与教学过程，加强师生之间和学生之间的对话交流并促进教学的一种互动式教学方法。会计课程的理论与概念比较抽象，通过讨论式教学的交流与讨论，可加深学生对概念与问题的理解，达到对知识的融会贯通。讨论式教学法作为教与学的一种重要方式，是一种教育理念，是新的人才培养模式，也是培养学生创新意识和创新思维的重要手段。

实践式教学法是在教师的带领指导下，进入有关合作单位进行实地调研学习，或邀请有关合作单位的专业人员到学校进行交流教学。会计是一门实践性很强的学科，理论教学和实践密不可分，实践式教学法可有效地沟通学校和企业，特别是有利于解释中小企业财务会计的特殊性。教学实践证明，实践式教学法在会计教学中非常受欢迎。

创新式教学法是由教师将中小企业会计和财务运行过程中的大量实际问题用互动式来解决，让学生知道在实践中存在什么实际问题和应当如何解决这些实际问题。"寻求解决方案"是这种教学的最大亮点。让学生根据所学专业知识自行去实践、发现、识别、讨论、解决、验证，然后再由教师综合汇总，进行对比分析，将创新思路、创新知识、创新方法、创新内容始终放在专业教学的中心位置。

**4.构建科学的人才评价体系**

现在的会计专业人才都是由各个学校自行教学、考核。事实上，各个学校在人才培养目标定位、教学体系安排、教学资源配置上都存在着很大的差异。因此，有必要改进人才评价标准，建立统一的人才质量评价体系，这个评价体系应包括会计人员的职业道德、知识结构、素质能力三大内容。该评价体系将对会计专业学生的培养模式创新起到积极的导向作用，并有助于用人单位对会计人才的选用和评价，适应中小企业发展的专业人才需求。

**5.创新和改善教学团队体系**

教育者自身应当具备相应的素质、经验和能力，教学队伍必须精通至少是熟悉中小企业财务会计的业务活动，否则就是空谈。要解决这一问题，需要加强教师培训和师资队伍建设。

其中，突出的应该是教学团队的组成。要聘请适合教学的中小企业经理、财会人员进教室、进课堂，通过经验进行教学，在教育学生的同时，还能够对教师进行培训，是高校专业教育中一个新的选择和创新。

从育人方面讲，要通过中小企业的案例和样本来进行现场教学和指导，尤其是把会计核算、外部会计事项、财务管理中的难点等作为案例直接引入课堂，让学生面对、体会、讨论和尝试解决，在此基础上再进行有针对性的专业教学和考核。当然，这也是一个系统工程，不仅涉及教师、教材、教学安排，还涉及整个教学体系管理制度的改进完善。

# 第三节　信息化背景下高校财会教学改革

## 一、信息化背景下财务会计工作的发展趋势

互联网是信息化时代的主要标志。互联网作为信息技术发展的产物，是一种新的信息传递机制，它通过技术手段解决了信息不对称的问题，从本质上解决了"沟通"障碍。在传统行业中，所有和信息有关的部分都可能被互联网所取代，大大提高了效率。财务工作是一项极为重视沟通和效率的工作，而以前由于技术的限制，信息传递的速度跟不上所需，往往会造成信息不对称，在很大程度上影响着企业的决策。因此，大力发展会计信息化及管理职能的转变是财务工作未来要做的重要工作。

纵观国内外企业的发展，都会经历由规模变大、人员增多、管理层增加等现象所引发的成本高、效率低、组织机构重复、流程复杂等问题，信息的沟通与传递是否顺畅和快捷成为企业在经营活动中信息是否全面的重要因素。互联网的发展及新型技术和理念的建立，促使会计信息化向信息共享化发展，信息共享服务的提升将会为企业的发展起到不可替代的积极作用。

当今社会，已经有很多企业开始运用共享服务，利用互联网的优势为企业提高了效率、准确性和有效性，为企业吸引更多新的客户及更多的业务提供了基础。例如，摩托罗拉公司作为大型公司，随着经营发展规模变大，其子公司遍及全球。在企业内部由于流程不标准、准则不统一等问题给企业管理带来了不小的冲击。为了改变现状，摩托罗拉公司开始推行财务共享服务战略。摩托罗拉公司在世界范围内建立了三个区域财务共享服务中心，这三个财务共享服务中心分别处理其各区域的财务工作。通过财务共享服务的实施，其效果也逐渐显现出来：提高了财务效率、降低了财务成本、统一了财务流程等。摩托罗拉公司也是较早推行财务共享服务的大企业之一。

随着云计算、大数据作为信息技术手段出现，在移动互联网的背景下信息共享服务将提升到一个新的高度。伴随着财务云、在线会计服务在云会计的基础上建立起来，人们的工作方式也将发生重大的变革，利用互联网无时间、空间限制的特点，企业的管理人员和各个信息使用者们将可以随时随地进入信息系统，这

种新型的信息共享服务对数据的收集和处理更加高效，对人员的配置更加合理，在工作流程上也越来越标准化，同时低成本、高效率、高安全性也将是未来新一代财务信息共享服务的重要特征。

## 二、信息化时代财会教学改革的可行性

如今高新科学技术对经济发展产生的影响越来越大，科技成果转化为生产力的周期也一直在变短，知识更新换代的速度正在加快。不同领域、学科的互相交叉与结合越来越影响有品质的科技成就及转变为生产力的程度。经济的全球化已经形成气候，以计算机技术为代表的信息技术已经渗透于会计教学和实务的各个方面，所以我国会计教学的信息化和国际化是必备需求。信息教育、专业教育、创造性教育、道德教育、外语教育和计算机教育六大体系构成了于玉林提出的21世纪会计教学引导思维含义的主体。

### （一）信息化建设为会计教学改革奠定了基础

在会计教育的信息化方面，除了在实验教学里对于实验信息平台在远程教学和模拟实习平台上的应用，目前国外已经开始普及使用可扩展商业报告语言作为财务报告的主要形式，我国有必要将这一革命性的最新应用扩展到会计教学和科研的各个方面。可扩展商业报告语言，是以统一的计算机语言形式和财务信息分类标准为基础的，使财务信息可以跨平台、跨语言，甚至跨会计准则，进行即时的、自动化的上报、搜集和分析的一项信息技术。目前，此技术只应用于我国上市公司在上海和深圳两个证券交易所的网站上，其他各方的应用较国外（如美国的强制Edgar online财务报告系统和英国的强制性税务报告形式等）还是比较落后的。我国的会计信息化教育可以此为着重点，抓住当前的机遇，满足时代的要求。

### （二）国际化为会计教学改革指明了方向

信息化时代，信息沟通顺畅，经济更加趋于多元化和全球化，所以要不断发展会计教育的国际化。在会计教育的国际化方面，除了教育形式和培养目标的国际化（英美目前的中低级层次的复合型人才和高级层次的专业性人才趋势），目前国际化的关键点在双语教学方面（或全英文）。会计的双语教学主要包括教材的国际化、授课和考试主要使用英文、师资的国际化三部分，这三大方面也是我国目前主要面临的三大问题。在英文原版教材的选取上，一些高校存在版本过旧问题，未能及时根据国际变动而更新。在授课方式上，没有完全将外语形式的

专业教育与外语语言教育区分开来。最后，师资上面过于依赖有限的本校双语教师，而未能发挥外教作用。其实适量以外聘或同国外大学合作的形式引进国外会计专业老师授课，可能会达到更好的效果。

### （三）专业化和实用性为会计教育改革提供了途径

伴随日益激烈的社会竞争，高校学生掌控基础知识的程度在找工作上与研究生或更高级别的研究者相比并没有优势，而高校更偏爱训练学生专科技巧能力，从而让学生凭借较高的实习技能以及熟练的业务素养达到任职工作职位的目标。会计专业的学生在专业性方面的要求被用人单位的现实要求与社会进展的趋势越提越高，会计专业为了使社会对会计专业学生的需求被满足，自动表现出了专业进展形势渐渐增强的特点。

学生的训练方向是由高等学校基于某用人机构和社会部门的需求决定的，这也是高校在教育教学过程中尽最大努力为学生提供模拟与实习机会的原因。从实践情况看，一般用人机构不愿意劳心费力去训练会计专业学生原本应当在学校获取的能力。所以，会计专业的教育教学在高等院校的进展思路尤其是高校会计专业的进展前景来看越来越实用。

### （四）综合性发展为会计教育改革确立了目标

高等院校也认识到训练学生综合性能力的重要性。对于会计专业来说，训练会计专业学生实务操作能力、理论知识以及经济法规、会计法规、职业道德等内容是缺一不可的。所以，目前高校会计专业学生的综合素质也在连续加强。

## 三、信息化时代财会教学改革的必要性

随着信息化时代的到来，经济全球化的趋势进一步显现，会计教育环境也随之发生变化。面对飞速变化的世界，会计专业教育也应该适应时代发展，充分利用互联网对会计教育的有利影响。时代的变化必然对会计教学提出新的要求。

### （一）信息化时代学生创新能力的加强

信息化时代会计专业学生要同时具备强大的解决会计事务的技能以及创造才能，既表现在完备与变革公司内在谋划组织的各类方法准则，创建有用的内在掌控机制来与社会需求符合，又表现在创造与变革会计督察、计算等详细会计工作。随着会计行业的发展，创造能力所占的比重在会计人才智能组成中更大，社会对会计人才素养的要求也越来越高。

## （二）信息化时代学生应变能力的需要

信息化时代，互动性、及时性和变化性是市场信息的三大特点。会计专业的学生不仅需要全面掌握会计学、管理学、经济学等方面的基础知识、内容和能力，从而拥有任职本专业岗位的技能，更需要具备的能力是能够与将来烦琐变换的会计环境相适应。权衡学生素质的标准不只是单一适应现在岗位的能力，还要看他是否可以把新知识引进到现有知识中，即看学生的潜力及其发展情况。换个说法，即懂得凭借已然变化的客观环境，使用基础原理和专业理念去处理、解析现实问题，寻求新的工作范畴与方法。

## （三）信息化时代学生研究能力的提高

信息化时代，由于资源丰富，我们要接受的信息量巨大，所以每个人都要提高各方面的能力，成为一名综合性人才。会计专业学生不仅要有较强的处置与获取信息的技能、人际交往技能与表述技能，还要具备必需的研发技能，并掌握资料查找、文献搜索的基本方法。因此，为了训练学生探索新知识的技能与创造思想，技能提升应该被贯彻于教育的全过程中。

## （四）信息化时代学生综合知识的增加

会计专业学生不仅要熟谙国家相关法则、策略及目标，还应知晓国际会计常例，具备很高的专业外语与公共外语水准用于国际经济交流，具有相应的国际经济交流需要的学问，特别是贸易、金融、税收、会计等方面的学问。并且一定要掌握信息科技方面的学问，即一定要了解操纵计算机的能力，包含运用和维修、策划计算机网络信息体系，利用计算机软件创建各类解析模式，通过计算机软件实施解析、操控、决断、展望等会计组织的能力以及运用计算机实施审核的能力。

## （五）信息化时代通用型会计人才的需要

信息化时代开通的信息资料为世界各地的学生打通了随处可见的学习之门，这会引发高等教育的剧烈变革。在这个前提下，高校运用移动课上资料训练"通用型"专业人才具备了可能性。

毕业后会计专业学生不单要可以担任与会计有关的管理岗位，甚至别的管理岗位，还要可以担任在各种所有制公司、组织形式、行业中的会计岗位。位于各类行业以及各类特殊行业的会计虽然具备各自的特点，但基础原理是互通的，把握基础方式与理论是会计教学的核心，应该探索课程配置与行业区分是否符合。

# 第四章　信息化背景下高校财会现代教育技术

本章为信息化背景下高校财会现代教育技术。第一节为现代教育技术及其信息化发展概述；第二节为"互联网+"与现代教育；第三节为信息化教学；第四节为高校财会教学中现代技术应用案例。

## 第一节　现代教育技术及其信息化发展概述

### 一、现代教育技术发展概述

随着信息化时代的来临，大力进行教育信息化的变革已成为世界教育发展的趋势。在这场变革中，教师无疑是需要迅速调整甚至改变其教学行为的群体，这要求教师必须学会在教学中应用信息技术，时刻寻求面向教育信息化的专业发展机会。

21世纪是信息化时代，现代科技的发展导致了信息科学技术的迅猛发展，整个社会出现了"信息化"的潮流，信息化成为现代社会的主要标志。信息化是一个过程，是指人们在一个系统中推动信息技术应用、凭借信息技术推动信息资源的传播整合和再创造的过程。信息化社会要求生产者和管理者必须是用知识信息和信息技术武装自己的信息化人才。在信息化社会里，信息技术革命的空前发展使信息量越来越大，信息传递越来越快，这一切对教育改革提出了新的挑战。如何发展信息化教育成了学校主要研究的问题之一，在课堂中如何结合和运用信息化手段以使教学更加有效率，也是学界主要研究的问题之一。

#### （一）现代教育技术的形成与发展

在现代教学中，教育技术能力标准与教师信息化教学能力的提升都很重要。

在信息化时代，把两者相结合才会达到更好的教学效果，使得课堂更加有效率。对学生而言，这样的课堂才更有吸引力，学到的知识才会更加广泛。由此可见，教育技术能力标准与教师信息化教学能力的提升是密切相关的。

在教学方法上，古希腊有苏格拉底的"产婆术"，我国古代有孔子的启发式教学，近代西方又产生过夸美纽斯的直观教学法和赫尔巴特的四段教学法等。如果单从哲学思想和方法论的角度来认识，将教育技术的"技术"渊源上溯历史是可行的。但是，作为一门相对独立的学科，现代教育技术的产生和发展则与现代科学技术的进步密切相关，它是伴随着自动化和原子能时代的来临，于20世纪初期开始产生并逐渐发展起来的。

随着电子技术的产生和发展，幻灯、投影、电影、广播、电视等电子传播媒体逐渐开始应用于教育教学领域。由于电子传播媒体主要通过图像和声音等符号形式传递教学信息，其表达方式具有直观、形象、生动、视听结合等特点，因此，它在教学中的应用得到了较快的发展，并使得教育技术由传统的语言讲授、文字传播、直观教具发展到视听教育传播阶段，进而形成了现代教育技术的学科领域。

在当代科学技术中，计算机通信技术的产生和发展可以说是人类历史上的又一次革命，它使人类在经历农业社会和工业社会以后开始步入信息化时代。计算机和以计算机为基础的信息与通信技术开始渗透人类社会生活的各个领域，商业、金融、教育、军事、科技等行业无不受到当代信息技术的影响和冲击，人类生活和教育发展所面临的信息化环境正在形成。在电子技术、传播技术、信息技术等现代科学技术的影响和推动下，现代教育技术发展成在教学实践基础上正在崛起的新兴教育学科。

## （二）信息化时代的教育技术

在教育领域广泛应用以多媒体和网络技术为基础的现代信息技术开展教育与教学活动，人们通常称为教育信息化。教育信息化是当代社会信息化发展的必然结果，其主要特点是在教育过程中广泛运用以计算机多媒体和网络通信为基础的现代化信息技术，以促进教育和教学过程的全面革新，从而使学校和教育能够适应信息化发展的时代要求。

随着信息技术的蓬勃发展，教育信息化已经成为目前教育技术发展的重要趋势。以通信技术为基础，信息化教育系统可以将学校、家庭与社会连为一体，并通过教学、资源与管理的有效运用，充分发挥信息化教育的功能。

1.信息化教学系统

信息技术对教学过程的支持包括许多方面，其中的重要内容之一就是提供各类信息化教学系统，如学校课堂多媒体演示教学系统、基于网络的合作学习支持系统、自主学习电子绩效支持系统、教学软件的设计与开发系统、计算机辅助教师备课系统、在线虚拟教学和远程教学系统等。

2.自动化管理系统

通过信息技术支持教学管理和教育行政事务管理，能够有效地提高教育管理的水平和效率。例如，计算机管理教学可以实现教学过程的智能控制；信息化教务管理可以实现学籍、课程安排、学生成绩、学业档案等的管理自动化；信息化行政管理可以方便地进行日常工作安排，发布行政指令、在线工作报告等。

3.数字化资源系统

数字化资源系统是信息化教育系统的重要组成部分，它主要包括多媒体和网络教学资源库、电子化图书阅览与情报检索、数字化信息资料管理等。数字化资源系统不仅能方便信息检索、提高资源利用率，还能实现教育信息资源共享，有利于充分发挥建设投资的经济效益。

4.学校教育系统

学校教育是教育发展的基础，学校教育信息化是教育信息化建设的一个重要领域。学校教育系统信息化一般包括教学系统、管理系统和资源系统三个方面的内容，并通过校园网络建设将学校与家庭、社会有机地联结在一起，以实现对学生的全面教育。

5.家庭教育系统

家庭教育系统包括学生家庭作业和家庭辅导、家长与学校之间的联系与沟通、网上家庭文化与家长学校、家长智力资源开发等。它不仅能为学生提供信息化学习的机会，还能为家长提供丰富和充实自我的条件，家长可以通过与学校之间的相互联系，共同促进学生的健康成长。

6.社会教育系统

互联网是信息化时代的一种重要教育形式，利用网络系统可以将学校空间与社会空间连为一体，从而使学校教育与社会教育密切结合起来。通过校园网络或家庭通信，可以连接社会教育资源、了解教育发展动态、远程合作学习、开展远程教育交流、聘请社会专家指导等。

## （三）教育信息化发展趋势

教育技术是在教育过程中所采用的技术和方法的总称，是在先进教育理念的指导下运用相关的媒体技术促进教育效果最优化的实践活动，是研究在教育中运用相关技术来提高绩效的理论、规律和方法的一门学科。

现代教育技术与各教育学科既有联系又有分工，它是研究教育与教学过程中的心理活动及其规律的学科。它的研究重点是学生学习的内部因素和对教学机制之间理论的研究，将理论研究与教学实践中所出现的问题相结合，对"学习过程"和"学习资源"进行研究，以达到学习过程的最优化。随着现代教育理论、系统科学方法、现代信息技术的高速发展和深入学科，通过相互交流和对实践的研讨，目前在一些主要问题上已取得了共识。

现代教育技术具备电子化、形声化、多样性、广泛适用性、结合性与跨学科性等特点。现代教育技术极大地提高了教学的效率和质量，它是现代教育硬件与软件的统一体。硬件大体可分为轻设备和贵重设备，其共同特点是电子化。特别是贵重设备，它们具有记录、存储、传输、重放再现和交互等功能，能将教学内容进行多样性的显示，可以将教学屏面化静为动、化动为静。它们能克服时间、空间的限制，根据需要将客观事物与变化过程再现于课堂，让学生犹如亲临其境。

现代教育技术的先进性首先表现在它的高效率教学。虽然对某些不能形象地表达的教学内容，仍可采用口授、板书等传统教学方式来表达，但对一些抽象、很难用口述讲清楚的学科内容或重复性的手工书写工作，运用计算机和音像设备进行教学可以大大地节省时间，减少教师的劳动量。应用现代教学媒体传递教学信息，不但具有高效率、快节奏、优质量的特点，还可以增加教学信息量，实现教育的最优化。其次还表现在它的教学组织形式灵活多样。根据不同的学习对象，可以进行班级、个人、远程等组织形式的学习。

正是现代教育技术所具备的这些特点极大地推动了我国教育事业的蓬勃发展。通过利用大数据时代所特有的资源数据化以及信息化时代的特性巧妙地将它们整合在一起并与教育事业相匹配，完美地促进了教育事业的发展。这是在对传统教育技术辩证地推陈出新、革故鼎新过程中实现的大一统的全新教育模式。

教育信息化并不是将教育理论、方法与信息化进行简单叠加，也不是与信息技术的简单叠加，教育信息化有自身的深刻含义。所谓教育信息化，是指在教育领域全面深入地运用现代信息技术来促进教育改革与发展的过程，其技术特点是数字化、网络化、智能化和多媒体化，基本特征是开放、共享、交互和协作。具体来说，教育信息化旨在充分利用以计算机、多媒体和网络通信为基础的现代信息技术所提供的、具有全新沟通机制和丰富资源的学习环境，实现一种全新的能充分发挥学生主体作用的学习方式，彻底改变传统教学中师生关系和教师地位，从而根本改变传统的教学结构和教育方式，达到大批培养创新人才的目的。教学信息化不只关注教育手段的改变，它更关注通过教育手段的改变来促进教育思想、教育观念、教育模式、教育内容、教育方法和学习方式转变的过程，其最终目的在于实现信息化的教育。

教育信息化是一个过程，是一种永无止境的追求。它具备资源全球化、教学个性化、学习自主化、活动合作化、管理自动化、环境虚拟化的特点，它可以培养信息化人才。信息化人才培养包括普及中小学信息技术教育和培养高层次信息技术创新人才，是教育现代化的重要内容，是实现教育现代化的重要步骤。没有教育的信息化，就不可能实现教育现代化，教育信息化管理能够大大促进教育现代化的进程。加强教育信息化工作，可以借助现代信息技术建构的开放式远程教育网络，使受教育者的学习不受时间、空间的限制，从而改变以学校教育为中心的教育体系，保障每一个公民接受教育的平等性。这种开放式的教育网络也为人们实现终身学习提供了保障。从这个角度来看，教育信息化为全体公民提供了更多接受教育的机会，教育信息化对全体公民素质的提高具有重要的意义。加强教育信息化工作，可以为素质教育、创新教育提供优质的教育环境和条件。学生利用信息化的教育环境，通过检索信息、收集信息、处理信息、创造信息发现学习问题、解决学习问题，实现知识的探索和发现，这对创新人才的培养具有重要的意义。

教育信息化管理的权力主体是国家教育行政组织。在教育信息化管理活动中，国家教育行政组织最能体现教育信息化管理的性质。一切教育信息化管理活动都是靠国家教育行政组织机构及其人员来推行的。因此，有效的教育信息化管理来自最有效的教育行政组织，教育行政组织是否合理是决定教育信息化管理效率的最主要因素。信息化政策为教育信息化顺利进行提供政治保证和方向指导。国家政府及相关部门对基础设施建设、教育信息资源库开发、信息技术教育，以及教育信息技术开发和产业化等教育信息化的各个方面颁布、下发各种通知、文件，为各项工作的开展提出国家的明确要求，也提供了教育信息化建设的宏伟蓝图。对教育信息化进行管理是教育信息化健康发展的重要条件和保障。国家需要颁布各种管理条令，制定一系列标准，各级政府、各个单位和部门严格按照国家制度推进教育信息化才能使中国教育信息化走向规范化、秩序化，从而推动教育改革的进一步发展，极大地整合相关教育资源，促进我国教育的发展。

由于构建学习化社会、全民终身学习的需要，随着计算机和网络的发展，各国的远程教育产生了质的飞跃。网络远程教育成为世界各国教育信息化发展中的一个热点，世界各国均把加速发展网络远程教育作为推进本国教育信息化的重要组成部分。各国在网络远程教育发展的战略上，主要是希望通过发展网络远程教育构建全社会的终身教育体系，构建学习化社会和学习型组织，用以满足不同层次学习者的学习需求，通过网络远程教育的形式来打破传统中小学和大学教育模式的局限，同时塑造顺应信息化时代的新教育模式。

## 二、高校教育信息化发展规划

### （一）发展现状与形势

"十二五"以来，特别是《教育信息化十年发展规划（2011—2020年）》发布和首次全国教育信息化工作会议召开以来，教育信息化工作坚持促进信息技术与教育教学深度融合的核心理念，坚持应用驱动、机制创新的基本方针，加强顶层设计、多方协同推进，以"三通两平台"为主要标志的各项工作取得了突破性进展。学校网络教学环境大幅改善；优质数字教育资源日益丰富，信息化教学日渐普及；全国数千万名师生通过"网络学习空间"探索网络条件下的新型教学、学习与教研模式；教育资源公共服务平台服务水平日渐提高，资源服务体系已见雏形；教育管理公共服务平台基本建成覆盖全国学生、教职工等信息的基础数据库，并在应用中取得显著成效；教师信息技术应用能力提升，全国的教师、校长和教育行政管理者的信息化意识与能力显著增强。各级各类学校在教育信息化上取得了丰硕成果，基础教育、职业教育、高等教育和继续教育等领域结合各自需求，在扩大资源覆盖面、促进教育公平和提高教育教学质量等方面涌现出一批利用信息技术解决教育改革发展问题的应用典型，教育信息化对教育改革发展的支撑引领作用日益凸显。

在总结工作进展和成效的同时，必须清醒地认识到，当前加快推进教育信息化还面临很多困难和问题，与党中央、国务院的要求相比，与发达国家深度应用、融合创新的水平相比，仍存在以下差距：①思想认识尚需深化，一些教育行政部门和学校仍然没有充分认识到信息技术对教育的革命性影响，信息化与教育教学"两张皮"现象仍然存在，推进教育信息化的积极性有待提高，力度有待加大；②体制机制尚需创新，广大师生和教育管理者的应用动力有待进一步激发；③网络安全意识和防护能力尚需加强，学校网络安全事件偶有发生，只管建设不顾安全、只管硬件忽视软件、只管数据采集不顾数据维护的粗放式管理模式仍然存在；④信息化建设推进进度不平衡，受制于经济社会发展水平等多种因素，信息化区域发展水平仍存在较大差异。面对这些困难和问题，需要进一步提高认识，转变观念，齐心协力，攻坚克难。

当前，云计算、大数据、物联网等新技术逐步广泛应用，经济社会各行业信息化步伐不断加快，社会整体信息化程度不断加深，信息技术对教育的革命性影响日趋明显。党的十八大以来，特别是中央网络安全和信息化领导小组成立后，党中央、国务院对网络安全和信息化工作的重视程度前所未有，"互联网+"行动计划、《促进大数据发展行动纲要》等有关政策密集出台，信息化已成为国家战略，教育信息化正迎来重大历史发展机遇。习近平总书记在致首届国际教育信息化大会的贺信中"积极推动信息技术与教育融合创新发展""坚持不懈推进教育信息化，努力以信息化为手段扩大优质教育资源覆盖面""通过教育信息化，逐步缩小区域、城乡数字差距，大力促进教育公平，让亿万孩子同在蓝天下共享优质教育、通过知识改变命运"的论述，指明了教育信息化今后工作的目标、方向和途径。"十三五"期间，全面提升教育质量、在更高层次上促进教育公平、加快推进教育现代化进程等重要任务对教育信息化提出了更高要求，也为教育信息化提供了更为广阔的发展空间。

## （二）指导思想与工作原则

### 1.指导思想

坚持"四个全面"战略布局，牢固树立和贯彻落实创新、协调、绿色、开放、共享的发展理念，以"构建网络化、数字化、个性化、终身化的教育体系，建设'人人皆学、处处能学、时时可学'的学习型社会，培养大批创新人才"为发展方向，按照"服务全局、融合创新、深化应用、完善机制"的原则，稳步推进教育信息化的各项工作，更好地服务立德树人，更好地支撑教育改革和发展，更好地推动教育思想和理念的转变，更好地服务师生信息素养的提升，更好地促进学生的全面发展，推动形成基于信息技术的新型教育教学模式与教育服务供给方式，提升教育治理体系和治理能力现代化水平，形成与教育现代化发展目标相适应的教育信息化体系，充分发挥信息技术对教育的革命性影响作用。

2.工作原则

（1）坚持服务全局

通过服务全局构建教育信息化发展新格局。教育信息化工作要更加贴近教育改革发展中的重大现实问题，融入教育改革发展的核心领域，为教育改革发展增添动力与手段，由点及面、由单项工作到教育教学与管理全过程，促进教育信息化全面深入地应用，使教学更加个性化、管理更加精细化、决策更加科学化。

（2）坚持融合创新

通过融合创新提升教育信息化的效能。通过深化信息技术与教育教学、教育管理的融合，强化教育信息化对教学改革，尤其是课程改革的服务与支撑，将教学改革，尤其是课程改革放在信息化时代背景下来设计和推进。聚焦教育改革发展过程中困扰教学、管理的核心问题和难点问题，将信息技术融入教学和管理模式创新的过程中，以创新促发展，推动教育服务供给方式、教学和管理模式的变革，形成中国特色的教育信息化发展路径。

（3）坚持深化应用

通过深化应用释放信息技术对教育教学改革和发展的作用。应用是信息技术与教学、管理的结合点，也是教育信息化的生命力。所以，要进一步深化应用驱动的基本导向，通过应用带动环境营造，支撑核心业务，围绕应用目标开展培训与绩效评价，依托教育信息化加快构建以学习者为中心的教学和学习方式。

（4）坚持完善机制

通过完善机制，解决推进教育信息化过程中遇到的各种问题，进一步理顺教育信息化统筹部门、支撑机构和教育业务部门的关系，理顺教育部门和其他企业机构的关系，形成统筹推进教育信息化的合力；进一步处理好政府与市场之间的关系，切实转变政府职能，充分调动企业的积极性，充分发挥市场在资源配置中的决定性作用，探索开创市场作用和政府作用有机统一、相互补充、相互协调和相互促进的教育信息化工作新局面。

## （三）高校教育信息化的发展目标

1.满足学生学习需求

满足学生学习需求是指，要全面完成《国家中长期教育改革和发展规划纲要（2010—2020年）》《教育信息化十年发展规划（2011—2020年）》和教育部、财政部、国家发展改革委、工业和信息化部、中国人民银行《构建利用信息化手段扩大优质教育资源覆盖面有效机制的实施方案》的发展目标，基本实现各级各类学校宽带网络全覆盖与网络教学环境全覆盖，优质数字教育资源服务基本满足信息化教学需求和个性化学习需求，网络学习空间应用普及，实现"一生一空间、生生有特色"，教育管理信息化水平显著提高。

2.加强信息技术的有效应用

信息技术与教育教学融合进一步深入，可以使教师信息化教学能力、学生信息素养显著提升，形成有针对性的信息化教学、管理创新模式。同时，发展在线教育与远程教育，推动各类优质教育资源开放共享，向全社会提供服务，使得教育信息化对教育现代化的支撑作用充分彰显。

3.提升治理水平

要全面深化改革，积极利用市场机制，形成政府规范引导和统筹推进、社会力量积极参与的持续有效的教育信息化技术、服务供给模式；进一步健全教育信息化政策法规，构建良好的教育信息化生态环境，使教育信息化治理水平显著提升。

4.构建网络安全体系

针对高校教育信息化，要做到教育领域网络安全意识显著增强，制度体系进一步健全，标准规范逐步完善，防护水平明显提升，形成与教育改革发展相适应的网络安全体系，使教育信息化健康发展的局面得到保障。

## （四）高校教师信息化教学能力

1.高校教师信息化教学能力发展中存在的问题

（1）高校投入不足

我们可以看到，部分高校的硬件设备更新换代快，数字化校园建设进程较快，基本实现了网络全覆盖。但是，一些高校过于重视硬件建设，而忽视了"软件"建设，主要表现为领导缺乏信息化教学意识，对信息化教学能力的关注与支持力度不够，投入教师身上的培养资金不足。由于缺乏学校的有力支持，教师便停滞不前，不愿多花精力以提升自己的信息化教学能力。

（2）教师自身素养不足

虽然一些高校配备了新仪器和新设备，但是部分教师教学经验不足，教学设计不新颖，课堂互动交流较少，致使教学效果不理想。一些教师因自身水平有限，在课堂中使用的信息技术及方法比较传统，过多依赖多媒体课件授课，不能或者很少结合慕课、微课和翻转课堂等开展教学，信息化教学方式单一，缺乏提高信息化教学能力的意识和有效指导，导致整体信息化教学能力发展受阻。

（3）教师缺乏进修机会

部分教师是毕业就到高校任职，教学经验不足，需要投入大量时间、精力来备课。同时，近些年职称评定标准不断提高，教师要花费大量时间从事科研。因此，教师在职业生涯初期承担了大量的教学和科研任务，工作和学习之间的矛盾突出。一些教师认为时间紧、任务重，没有时间和精力进行自我提升，或者自我提升的时间有限，进修机会匮乏。

（4）教师培养模式单一

对于教师信息化教学能力的发展，高校采用最多的发展模式就是培训，包括校外培训和校本培训等。培训的出发点是促进教师发展，但是一些培训重理论、轻实践，评价停留在认知层面，培训内容大同小异，造成青年老师深感疲惫，培训的效益往往不大。所以，高校对教师的信息化教学能力发展采用的培养模式单一，虽然培训效率高，但效益并不高。

**2.制约高校教师信息化教学能力发展的因素**

教师在专业发展历程的初级阶段，难免会在教学、学习及生活等方面遇到各种各样的问题。这些问题都有可能成为影响教师进一步发展和提升的阻力及障碍。通过相关数据分析高校教师信息化教学能力发展现状，可以看出教师群体的信息化教学能力发展水平参差不齐。虽然教师的发展不断得到高校的关注和重视，并逐步增加各种形式的培训，但由于多方面的原因，培训的效果并不理想。针对这种状况，下面主要从两个方面分析制约高校教师信息化教学能力发展的因素：一是外部环境因素，二是教师个人因素。

（1）外部环境因素

学习型组织理论形象地说明了组织整体氛围对组员成长与发展的影响，即外部环境和氛围的重要性。那么对于高校教师来说，影响其信息化教学能力发展的外部环境因素主要是高校信息化大环境和相关制度及政策。

第一，信息化环境"重"基础设施建设，"轻"引导与利用。我国高校的信息化建设起步于20世纪90年代，虽然比西方国家晚许多，但建设步伐较快，建设效果显著。高校数字化校园建设项目于2001年由教育部发起，到2008年所有高等学校都建成了校园网络，校园网在学生宿舍以及教学、科研与管理楼宇的覆盖率达到85.32%。2003年4月，教育部启动高等学校精品课程建设工程，充分利用高校名师开发精品课程，并利用教育信息技术手段共享资源。到2010年全国高校共建成国家级精品课程3750门，其中本科课程2525门。此外，多数高校也已经建设了教学资源库、教学资源管理平台以及电子图书资源平台。由此可见，高校信息化相关基础设施已经比较完善，资源方面也有了一定数量的积累。但是，对于这些信息化设施及相关资源的利用和维护却没有同步。许多精品课程由于受各方面条件的限制，在建成后并没有继续使用和维护，尤其缺乏互动和交流。因此，对现有资源的有效引导和利用不足是影响教师信息化教学能力发展的一个重要因素。

第二，缺乏教学资源可再生的网络支持平台。通过调查发现，一些教师在获取教学资源以及自主学习资源时，常常会遇到一些困难。由于部分教师教学经验和教学资源积累不足，在进行实际教学准备时，一方面需要借鉴优秀的教学案例，对自己的教学进行指导和改进；另一方面需要大量教学资源以进行课程内容的补充和完善。但是，目前一些高校校园网主要起到宣传和信息发布的作用，教学支持资源较少。虽然图书馆电子期刊和书籍比较多，但是缺乏更直观形象的教学支持资源。因此，教师缺乏快捷获取资源的途径。国内高校应该通过所有教师的共同努力建设一个资源可再生的网络支持平台，为教师提供信息化教学的支持和帮助。

第三，校本培训缺乏"以人为本"的系统规划与设计。教师专业发展阶段理论形象地说明了教师专业发展的连续性和持续性，这个发展过程是一个由新手到专家的过程，也是从入职迷茫到职业规划清晰的过程。同样的道理，教师的信息化教学能力发展也是一个持续的发展过程。因此，作为教师发展最重要途径的"培训"应该关注教师发展的连续性。但是，纵观现有的教师培训方式，即入职培训和在职培训，二者的关联性很小，基本是独立进行和发展的。再加上培训内容几乎一成不变，很难满足高校教师多样化发展的需求。因此，系统规划和设计是高校教师培训的重要起点。

国家的发展强调"以人为本"，高校教师的培训更要"以人为本"。只有坚持这个原则，才能站在教师的角度系统地规划和设计培训内容，更好地实现培训的目标，促进教师更好地发展。

第四，教师业绩考核和晋职评估制度体系失衡。教学和科研是高校发展的两大支柱，是高校得以立足的基础，在理想状态下，二者的发展应该是平衡的。虽然教师是维持这种平衡关系的关键要素之一，但考核和评估制度才是其发展的指挥棒，教师很难平衡二者的关系，重科研、轻教学就难以避免了。有学者在

2010年对江苏、福建、江西、上海的10所本科院校，就教学与科研关系以及教师处理二者关系的态度与行为进行了问卷调查。在被有效调查的1453名教师中，有72.3%的教师认为，学校在教师评价制度的设计上以科研为重，教学次之。在这种评估制度下，多数教师采取了与之相应的工作行为。在被调查的教师中，有57.6%的教师认为自己在时间投入上把科研置于第一位。面对这种科研与教学评价相对紊乱的状态，被调查的教师多数表示有压力，甚至不满意。

尤其是对于刚入校一两年的教师来说，他们正处于职业生涯的起步阶段，虽然比较艰难，但也是其逐步发展各方面教学能力的好时机。只有在起步时打好基础，才能为后面的发展拓宽道路。因此，高校应该制定合理的业绩考核和晋职评估制度体系，对高校教师在教学能力，尤其是信息化教学能力发展方面进行正面积极的引导。

（2）教师个人因素

对教师信息化教学能力发展来说，相关的外部环境因素固然重要，但教师个人发展的自主性与能动性则起到关键性作用。学习型组织理论告诉我们："只有通过个人学习，组织才能学习。虽然个人学习并不能保证整个组织也在学习，但没有个人学习，组织学习也无从开始。"这表明，高校要实现教育信息化发展，要提高本科教学质量、提升学校综合能力，必然要求高校教师个人能力的发展。而制约高校教师信息化教学能力发展的教师个人因素包括以下几点。

第一，教师知识结构不完善。教师知识结构理论对合格教师所应具备的相关知识进行了详细的阐述，即本体性知识、条件性知识、实践性知识，以及教学技术知识。但是，通过相关调查分析可以发现，在被调查的高校教师中，具有硕士研究生学历的占到调查人数的96%以上，其中具有博士学位的占近56%；同时，这些教师中非师范类人数比例为76.27%，占到四分之三以上。这说明高校教师的本体性知识已经相当丰富，而条件性知识、实践性知识比较匮乏，但这两方面的知识正是教师顺利完成教学任务必不可少的。此外，还有一项重要的知识内容，即教学技术知识。当今大学生具有很高的信息素养以及多样化的学习需求，他们对于知识的渴求已经不是传统教学方式所能满足的。也就是说，教师已经不再是教学的绝对权威，而应该是学生学习与发展的引导者。这就要求高校教师不仅要通过信息技术手段为学生呈现丰富的教学内容，更应该引导学生掌握获取知识的信息化途径。因此，对于高校教师来说，完善自身知识结构是提升其信息化教学能力的重要途径。

第二，缺乏自身系统的职业规划。教师进行职业生涯规划是教师认清自我发展方向，最大限度发挥自身潜能的有效措施。但是，出于当今社会工作、生活等各方面的压力，一些教师很少在工作之初或者工作之前就有清晰的职业规划，以至于在走上工作岗位后对很多事情显得有心无力，甚至迷茫徘徊。而系统的职业规划不仅有助于教师更有针对性地从各方面为教学做好知识储备，更有助于其发现自身知识结构的不足，更好地促进自身发展。因此，职业规划是教师自我发展的助推力和灯塔，指引教师更清晰地认识自我、发展自我。

第三，价值取向失衡，缺乏内心自我激励。在入职之初形成的价值观对教师一生的发展都有很大的影响。但是，当今社会的风气和学校对科研的重视，导致部分教师朝偏离教学的方向发展。一旦有了这种倾向，教师就难以对教学进行刻苦钻研，更难以研究新技术在教学中的应用以及自主发展信息化教学能力。

### （五）高校教育信息化的主要任务

#### 1.完成"三通工程"建设

具体内容为：①加快推进宽带网络"校校通"，结合国家"宽带中国"建设，采取多种形式，基本实现各级各类学校宽带网络的全面覆盖；推进"无线校园"建设，东部和具备条件的各类学校应实现无线网络全覆盖；推动落实《职业院校数字校园建设规范》，确保各级各类学校普遍具备信息化教学环境。②全面推进优质资源"班班通"，基本建成数字教育资源公共服务体系，为学习者享有优质数字教育资源提供方便快捷的服务。③大力推进网络学习空间"人人通"，网络学习空间应用普及化，基本形成与学习型社会建设需求相适应的信息化支撑服务体系。

#### 2.促进公共服务平台协同发展

具体内容为：①各地要根据信息化教学的实际需求，做好资源平台建设规划论证，充分利用现有通信基础设施，加快推进区域平台建设和与国家教育资源平台的协同服务。②鼓励企业根据国家规定与学校需求建设资源平台，提供优质服务，形成覆盖全国、多级分布、互联互通的数字教育资源云服务体系，为学习者享有优质数字教育资源提供方便快捷的服务，提升教育信息化支撑教育教学的水平。③制定教育数据管理办法，规范数据的采集、存储、处理、使用、共享等全生命周期管理，保证数据的真实、完整、准确、安全及可用，实现教育基础数据的有序开放与共享。④在进一步明确业务需求的基础上，基本完成教育管理信息系统建设任务，基本完善教育基础数据库，着力做好已建系统的运行与服务，提升管理公共服务平台支撑教育业务管理、决策支持、监测评价和公共服务的水平，逐步实现资源平台、管理平台的互通、衔接与开放，支持各级教育行政部门和各类教育机构、企事业单位利用国家已有系统开发相关应用。

**3.扩大优质教育资源覆盖面**

具体内容为：①积极推动"专递课堂"建设，巩固深化"教学点数字教育资源全覆盖"项目成果，进一步提高教学点开课率，提高教学点、薄弱学校的教学质量；推广"一校带多点、一校带多校"的教学和教研组织模式，逐步使依托信息技术的"优质学校带薄弱学校、优秀教师带普通教师"模式制度化。②大力推进"名师课堂"建设，充分发挥名师的示范、辐射和指导作用，以"名师工作室"等形式组织特级教师、教学名师与一定数量的普通教师结成网络研修共同体，提升广大教师的教学能力和水平；积极组织推进多种形式的信息化教学活动，鼓励教师利用信息技术创新教学模式，推动形成"课堂用、经常用、普遍用"的信息化教学新常态。③创新推进"名校网络课堂"建设，各地教育行政部门要制定相关规定，鼓励、要求名校利用"名校网络课堂"带动一定数量的周边学校，使名校优质教育资源在更广范围内得到共享，让更多的学生享受到高质量的教育。④积极支持、推进高等学校继续教育数字化资源开放和在线教育联盟、大学与企业继续教育联盟建设，扩大高校优质教育资源受益面，在提升高等教育、继续教育质量中发挥重要作用。

**4.探索数字教育资源服务供给模式**

具体内容为：①继续开展"一师一优课、一课一名师"等信息化教学推广活动，激发广大教师的教育智慧，不断生成和共享优质资源；实施职业教育数字资源试点专项国家示范性职业学校数字化资源共建共享计划，以先建后补的方式继续开展"职业教育专业教学资源座"建设，推动职业院校广泛应用，加快制定数字教育资源相关标准规范，完善多机制、多途径整合优质数字教育资源的制度。②加大数字教育资源的知识产权保护力度，加强相关法治培训，增强教育部门和学校使用数字图书及音像制品等资源时，依法保护知识产权的意识和能力，进一步确立通过市场竞争产生优质资源、提供优质资源服务的机制。③通过多种方式大力培育数字教育资源服务市场，积极探索在生均公用经费中列支购买资源服务费用的机制，将数字教育资源的选择权真正交给广大师生。④鼓励企业积极提供云端支持及动态更新的适应混合学习、泛在学习等学习方式的新型数字教育资源及服务。⑤各级教育行政部门要保障基础性数字教育资源的供给，并发挥好已有资源的作用，利用以互联网为主的多种手段将资源提供给各类教育机构，大力实施面向不同行业、企业的高等学校继续教育行动计划，办好开放大学、老年大学、就业技能培训等，为全民学习、终身学习提供有力支撑。

5.创新网络学习空间建设与应用模式

具体内容为：①积极利用成熟技术和平台，统筹推进实名制网络学习空间的建设与应用。空间要集成网络教学、资源推送、学籍管理、学习生涯记录等功能。②鼓励教师应用网络学习空间开展备课授课、家校互动、网络研修、指导学生学习等活动；鼓励学生应用网络学习空间进行预习、自测、拓展阅读、参加网络选修课等学习活动，养成自主管理、自主学习、自主服务的良好习惯；鼓励家长应用网络学习空间与学校、教师进行沟通和互动，关注学生学习成长的过程，有效引导学生科学地使用空间。③依托网络学习空间逐步实现对学生日常学习情况的大数据采集和分析，优化教学模式，以"人人通"的广泛、深度应用，进一步体现"校校通""班班通"的综合效能。

6.深化信息技术与教育教学的融合发展

高校教育信息化依托信息技术营造信息化教学环境，促进教学理念、教学模式和教学内容改革，推进信息技术在日常教学中的深入和广泛应用，适应信息化时代对培养高素质人才的需求。有条件的地区要积极探索信息技术在"众创空间"、跨学科学习（STEAM教育）、创客教育等新的教育模式中的应用，着力提升学生的信息素养、创新意识和创新能力，使其养成数字化学习习惯，促进学生的全面发展，发挥信息化面向未来培养高素质人才的支撑引领作用。面向未来培养高素质人才，教师的能力是关键。对此，我们要建立健全教师信息技术应用能力标准，将信息化教学能力培养纳入师范生培养课程体系，将教师信息技术应用能力纳入教师培训必修学时（学分），将能力提升与学科教学培训紧密结合，有针对性地开展以深度融合信息技术为特点的课例和教学法的培训，培养教师利用信息技术开展学情分析与个性化教学的能力，增强教师在信息化环境下创新教育教学的能力，使信息化教学真正成为教师教学活动的常态。

## （六）高校教育信息化的保障措施

1.健全教育信息化管理体制

教育行政部门、各类学校和相关教育机构要理顺信息化管理体制，明确行政职能管理部门，完善教育信息化组织领导体制，建立"一把手"责任制，主要领导亲自抓信息化工作；明确教育信息化行政职能管理部门、业务应用推进部门、技术支持部门等各主体在教育信息化建设应用格局中的责任与义务，确保教育信息化的健康、有序发展；探索和建立便捷、高效的教育信息化技术服务支撑机制，整合教研、电教、信息、装备等教育系统专业机构的力量，充分利用相关企业专业化服务的优势，形成合力，为学校、师生等提供优质、便捷、高效的服务；在各类学校中逐步建立起由校领导担任首席信息官（CIO）的制度，全面统筹本单位信息化的规划与发展；加强信息化专业队伍建设，确保学校信息化管理与服务工作得到落实。

2.统筹推进教育信息化工作

教育行政部门要根据国家要求和各地区教育现状与教育改革发展任务，有针对性地提出教育信息化建设与应用重点任务，统筹推进教育信息化工作。高等教育要创新人才培养、科学研究、社会服务、文化传承和管理模式，提高人才培养质量和办学水平；继续教育要建立线上线下相结合的混合式教学模式，为全民学习、终身学习提供方便、灵活、个性的学习条件。省级教育行政部门在统筹推进的基础上，要着力加大对本地薄弱地区、薄弱学校与教学点的支持力度。地市、区县教育行政部门要着力加强对各类学校信息化建设与应用的指导，加大对校长和教师的培训力度。各类学校要主动把教育信息化纳入本校总体规划，深入开展信息化教学与管理应用。

3.形成制度化的评估机制

有关部门要制定针对区域、学校、课程、资源、教师、学生信息化水平的评价指标体系和评估办法，将相关评估纳入教育督导工作，有效推动教育信息化发展；将教育信息化作为学校的基本办学条件，纳入学校建设基本标准和学校评价指标体系。各地要将教育信息化作为重要指标，纳入本地区教育现代化指标体系，全面开展面向区域教育信息化的督导评估和第三方评测，将督导评估结果作为核查工作进展、推动工作落实的依据，以提升各地区、各学校发展教育信息化的效益。

4.形成多元化投入支持机制

各地要加强对教育信息化的政策支持，将教育信息化纳入经济社会发展规划和信息化整体规划，明确政府在教育信息化经费投入中的主体作用，统筹推进教育信息化和"互联网+"、大数据、信息惠民、智慧城市等工作；建立社会团体、企业支持和参与的多元化投入机制，鼓励电信企业建立对学校的网络使用资费优惠机制。各地要切实落实国家关于生均公用经费可用于购买信息化资源和服务的政策，优化经费支出结构，明确教育信息化经费在当地生均公用经费、教育附加费中的支出比例，形成教育信息化经费投入保障机制。

5.确保网络安全与信息化协调发展

按照"谁主管谁负责、谁运维谁负责、谁使用谁负责"的原则，建立健全网络安全责任制和问责机制。单位主要负责人是网络安全工作的第一责任人，统筹协调网络安全与教育信息化工作。网络安全工作分管负责人要协助单位主要负责人抓好落实。责任职能部门和技术支撑机构应做到安全到人、责任到岗，开展多种形式的网络安全教育和培训，建立从业人员的岗前培训和岗位继续教育制度，提高全体人员的网络安全意识，提升从业人员的职业技能和水平。

# 第二节　"互联网+"与现代教育

## 一、"互联网+"教育的内涵

### （一）课程内容的不断更新

"互联网+"课程的产物除了我们能够看到的网络课程，还包括对整个课程系统和形式所产生的积极影响。由于互联网具有能够支持海量的数据存储，简单易于获取的方式和内容方便制作、便于流动等优点，承载着巨量有价值前沿知识的课程内容能够在高等院校得到师生的积极支持和发展，为求知若渴的学子创造了各类知识汇聚的海洋，是学子进行知识获取、文化熏陶等学习行为的平台。连接了互联网意味着学生拥有了获取巨量资源的途径和渠道，获取知识的能力甚至强于他们的授课老师。互联网不仅能在必修课程中起到作用，丰富的选修课程也能通过互联网实现内容的扩大和形式的创新，也就有了众多具有独特特点的选修课程出现在各个校园，这无疑有助于丰富课程内容，拓宽大学生的视野。

### （二）教学模式的不断优化

"互联网+"教学形成了网络教学平台、网络教学系统、网络教学资源、网络教学软件、网络教学视频等诸多全新的概念，帮助教师树立了先进的教学理念，改变了课堂教学手段，大大提升了教师的教学素养。而且，更令人兴奋的是，传统的教学组织形式也发生了革命性的变化。正是因为互联网技术的发展，以先学后教为特征的"翻转课堂"才真正成为现实。教学中的师生互动也不再流于形式，通过互联网，完全突破了课堂上的时空限制，学生几乎可以随时随地随心地与同伴沟通，与老师交流。在互联网天地中，教师的主导作用达到了最高限度。教师通过移动终端，能及时地给予学生点拨指导。教师也不再居高临下地灌输知识，更多的是提供资源的链接，实施兴趣的激发，进行思维的引领。互联网可以随时将教学的触角伸向任何一个领域的任何一个角落，甚至可以与远在千里之外的各行各业的名家能手进行即时视频聊天。因此，教师的课堂教学变得更加自如，形式更加丰富。当学生在课堂上能够获得他们想要的知识，能够见到自己仰慕的人物，能够通过形象的画面和声音解开心中的各种疑惑时，可以想象他们对于这一学科的喜爱将是无以复加的。

### （三）学习方式的连续转变

"互联网+"学习创造了如今十分红火的移动学习，但它绝对不仅是作为简单的随时随地可学习的一种方式而存在的概念，它代表的是学生学习观念与行为方式的转变。通过互联网，学生学习的主观能动性得以强化，他们在互联网世界中可以寻找到学习的需求与价值，寻找到不需要死记硬背的高效学习方式，寻找到可以解开自己诸多学习疑惑的答案。研究性学习倡导多年，一直没能真正得以应用和推广，重要的原因就在于它受制于研究的指导者、研究的场地、研究的资源、研究的财力物力等，但随着互联网技术的日益发展，这些问题基本都能迎刃而解。在网络的天地间，学生对于研究对象可以轻松地进行全面的、多角度的观察，可以对相识与陌生的人群做大规模的调研，甚至可以进行虚拟的科学实验。当互联网技术成为学生手中的利器，学生才能真正确立主体地位，摆脱学习的被动感，自主学习才能从口号变为实际行动。大多数学生都将有能力在互联网世界中探索知识，发现问题，寻找问题解决的途径。"互联网+"学习对于教师的影响同样是巨大的，教师远程培训的兴起完全基于互联网技术的发展，而教师终身学习的理念也在互联网世界里得以实现。对于多数使用互联网的教师来说，他们十分清楚自己曾经拥有的知识正在以极快的速度锐减老化，也真正懂得"弟子不必不如师，师不必贤于弟子"的道理。互联网不但改变了教师的教学态度和技能，同样也改变了教师的学习态度和方法，使其不再以教师的权威俯视学生，而是真正俯下身子与学生对话，成为学生的合作伙伴与他们共同进行探究式学习。

## （四）教育评价的日益多元

"互联网+"评价，即热词——网评。在教育领域，网评已经成为现代教育教学管理工作的重要手段。学生通过网络平台给教师的教育教学过程打分，教师通过网络平台给行政职能管理部门及领导打分，而教育行政部门也通过网络大数据对不同学校、教师的教育教学活动及时进行相应的评价与监控，确保每个学校、每名教师都能获得良性发展。换句话说，在"互联网+"时代，教育领域中的每个人都是评价的主体也是评价的对象，而社会各阶层也将更容易通过网络介入对教育的评价。此外，"互联网+"评价改变的不仅是上述评价的方式，还有评价的内容或标准。例如，在传统教育教学体制下，教师的教育教学水平基本由学生的成绩来体现，而在"互联网+"时代，教师的信息组织与整合能力、教师教育教学研究成果的转化、教师积累的经验通过互联网获得共享的程度等，都将成为教师考评的重要指标。

总之，随着"互联网+"被纳入国家战略的顶层设计，就意味着"互联网+"时代的正式到来，教育工作者只有顺应这一时代变革，持续不断地进行革命性的创造变化，才能走向新的境界和高度。

# 二、"互联网+"背景下教育改革的原则与动因

## （一）"互联网+"背景下教育改革的原则

### 1.开放性原则

"互联网+"让教育从封闭走向开放。首先，"互联网+"打破了学习的时空界限，让课堂从封闭走向开放。当代社会倡导终身学习和全方位学习，获取知识不再局限于学校教育阶段，非正式学习变得愈发重要。为了使学习者获得终身学习的能力和实现在不断变化发展的社会中全面发展的目标，学校课堂必须从课内延伸到课外，充分利用信息资源和信息技术，拓展教学空间和丰富教学形式，采用线上交流与线下沟通补充、课内相互探讨与课外研习自修的混合学习组织形式来实现跨时空教学和课堂教学功能的拓展。其次，在"互联网+"时代，人人都能创造知识、人人都能共享知识，知识信息日益朝着开放共享的方向发展。知识是人类共同的财富，免费、开放地获取教育机会是人类的一项基本权利。开放与共享教育资源有利于普通民众便捷、免费地获取丰富优质的教育资源，有助于教育公平的实现和教育质量的提升。"互联网+"时代教学方

式变革要秉承开放共享的理念，为促进教育公平和教育质量的提升多做努力。当前，世界范围内掀起的慕课热潮就是实践开放共享理念的典范。最后，"互联网+"时代，学科之间要深度融合。传统的单科或分科教学方式已背离了学科发展的方向，要实现学科整合、实行综合教学必须坚持开放性原则，注重知识间、学科间的横向联系，在尊重学科知识内在逻辑规律的基础上构建拓展性和脉络化的学科知识谱系。

2.自主学习原则

"互联网+"时代，知识信息更迭速度快，学习资源得到极大丰富且日益走向开放与共享，教师的"先知"权威已不复存在，传统的以传授知识为目的的教学方式已不能适应时代的发展，学会学习比掌握知识更加重要。因此，"互联网+"时代教学方式变革的核心是教会学生学会学习，培养学生的自主学习能力。

培养学生的自主学习能力要做到以下三点。

第一，构建有助于学生发展的教学环境。健康的心理环境和温馨和谐的学习氛围对学生开展自主学习至关重要。教师要创造富有激励性的学习环境，为学生提供尽可能多的学习支持，加强对学生的引领和指导，使教学过程成为共同探究、多元互动和深度思考的过程。第二，贯彻"教学合一、教学并重"的理念。"教"因"学"而益深，"学"因"教"而日进。师生之间建立相互尊重、共同成长、相互促进的关系，才能真正促进学生自身的发展。在传统教学方式中，教师拥有绝对的权威和话语权，无须主动调整自身教学方式来适应学生的需求，导致学生被动学习，缺乏学习兴趣。"互联网+"时代，教师应该将自身一部分主体行为权力主动地让渡给学生，让教学话语权从独享走向共享，削减讲的成分，增加学生主动学的部分，使课堂向"学堂"转变。第三，注重学生自身的研习自修。"互联网+"时代倡导终身学习和全方位学习，教育的重点在于学习者学力培养和养成教育。学习者只有不断提升自身研究性学习和探究性学习的能力，逐步掌握分析问题和解决问题的方法，促进自身知识的迁移和能力的发展，才能应对不断发展变化的社会挑战。

3.发展性原则

"一切为了学生的发展"是"互联网+"时代教学方式变革的根本目的。学生的发展既包括全体学生的共同发展，也包括每个学生个体情感、价值观、个性、兴趣爱好、技能等的全面发展。教学过程是学生认知与情感、态度、价值观交互发展的过程，也是整体生命成长的一部分，因此学生的发展要看作学生的整体生命活动。具体来说，不但要关注学生外在能力的培养，更重要的是学生良好情感、态度、价值观的养成。"互联网+"时代教学方式变革的着眼点不能仅放在学生知识技能的培养上，从而遮蔽了学生个性，抑制了学生情感发展，而应该更加注重学生个体的身心健康，关注学生的个性成长，注重学生的价值养成，并不失时机地给予关心照顾，使学生学有所得、学有所长，还要利用"互联网+"时代学习资源的丰富性，努力挖掘学习资源中的隐性教育影响，使之成为学生发展的精神食粮。

## （二）"互联网+"背景下教育改革的动因

### 1.教育需求和教育问题是改革的根本动因

任何社会变革都是在一定的社会需求和社会问题的刺激驱动下开始的，教育改革也不例外。如何理解"互联网+"时代教育改革的发生，存在两种分析思路。第一种，任何特定的历史时期都会对当时的教育提出发展目标，教育需求是在一定的社会环境下产生的，二者相交即形成教育发展期望。"互联网+"对当前社会各领域产生了极为深刻的影响，给传统教育带来了巨大挑战，传统教育如果此时不进行变革和创新，那么它一定会阻碍社会的发展。一旦人们意识到社会新的需求后，就会千方百计地寻找变革的路径。第二种，对当前教育状态不满而寻求教育改革与创新。当前，我国教育发展面临诸多瓶颈，亟待新方法来破解教育难题，其中一个重要的思路就是利用"互联网+"带来的机遇，让教育站在"互联网+"的风口上来促进教育改革与创新。教育需求是教育进行改革的逻辑起点和落脚点；"互联网+"时代，我国教育改革的发生是以解决我国长期面临的教育问题为根本出发点的。

### 2.新兴信息技术是改革的强大推力

有学者认为，信息技术影响教育变革的路径分为两条：一是信息技术直接应用于教育，产生教育变革；二是信息社会的变化影响教育，最终产生教育变革。"互联网+"时代，在教育领域，以云计算、物联网、移动互联网、大数据等为代表的新兴信息技术正飞速发展且应用不断广泛深入，这极大地促进了"互联网+"时代教学方式的变革。"互联网+"时代，信息技术极大地丰富了教育资源，增加了学习机会，突破了时空界限，改变了人们的学习方式，丰富了信息的表现形式，改变了我们的认知方式。原始社会知识的传递与学习主要是通过人与人之间的口耳相传；古代社会造纸术的发明，极大地促进了人类文明的发展和人类知识的传播，人们的学习主要通过读写来进行；近代社会由于广播、电视、电话的出现，远程同步交流与学习成为可能，学习不光可以通过读写来完成，视听也成了学生学习的重要通道；现代社会由于信息技术以及各种高精尖教学辅助设备的出现，知识不再只是静态停留在书本上，而是在各种媒体中快速流动，"知识"不再是个名词而成了动词——"知识流"，人们的学习方式不再局限于读、写、视、听、算，探究成了大众倡导的学习方式，信息技术使学习智能化、智慧化、虚拟化，改变了我们学习的生态。学习生态是由不同学习主体共同构建的，在学习生态中学习主体基于兴趣、爱好、知识背景、专业等的不同形成了不同的学习社区，这些学习社区在网络上是以虚拟社区的形式存在的。信息技术改变了学习的参与方式、对学习资源的拥有关系，从而改变了教育主体之间的关系。"互联网+"时代，教育关系重构是教育改革需要研究的重要课题，同时教育关系的重构也对教师专业发展提出了新要求。

3.学生个性发展需要是改革的内在动力

在传统的教学方式中，教师以相同的教学方法对待每一位学生，以相同的进度教授每一位学生相同的内容，同一个班的学生学习相同的科目，然后接受相同的考试测验，从而甄别出学生的优劣。这种传统的教学方式符合工业时代对标准化人才培养的需求，其特点是在特定的时间内学习掌握特定的学习内容，并以相同的标准去衡量所有人。在这种教学方式中，学生的个性被扼杀，身心被摧残，兴趣爱好被剥夺，思想发展受到压制。承认学生个体差异，尊重学生个性发展，实行差异化教学，注重因材施教，是"互联网+"时代教学方式变革和教学效率提升的要求。在"互联网+"时代，教师有条件依靠各种手段和媒介为学生提供丰富的学习资源，创设丰富的教学环境，让学生能够自主地选择自己需要的学习内容，感受到学习的快乐，满足他们的兴趣爱好，从而促进他们个性的发展和培养创新、创造的能力。"互联网+"时代，教学支持手段的增多以及学习资源的极大丰富且不受时间、空间和地域的限制，为满足教学中学生个性化需求提供了坚实的物质基础。

4.教学媒体的多样变迁是变革的现实基础

在传统教学中，教材作为学生学习的主要资源和直接作用对象，是课程的物质载体和学生学习与教师教授之间的连接介质，然而面对个性多样的学生，千篇一律的教材存在着明显缺陷，无法满足教学情景的多样化需要和学习的个性化需求。在"互联网+"时代，教学媒体日益朝着智能化、智慧化的方向发展，使其功能和作用不断增强和扩大。现代教学媒体不但是传播教学信息的媒介或辅助手段，而且已成为人们的认知工具和学习资源，改变着教学环境的组成元素、教学资源的形态和教学要素间的互动方式，使教育呈现出较强的信息化特征：教育手段趋于多媒体化，教学资源趋于数字化，教学方式趋于多元互补。可见，为了使富有个性的学生在老师的引导下，发挥他们最大的潜能，进行探索和创造，教师必须摒弃"照本宣科"式的教学方式，根据学生学习的状况，运用教学智慧，选择适宜的教学媒体，营造温馨和谐的教学环境，运用合适的、多样的教学方式来开展教学，才能达到教学的最佳效果。

# 第三节　信息化教学

## 一、信息化教学概述

信息化教学和传统教学相比，其教学环境、目标、内容、方法以及师生关系等都发生了深刻变化。作为与传统教学相对而言的一种发展形态，信息化教学的重要特征表现在信息技术对学习过程的有效支持，以及各种现代教学理念在信息技术应用过程中的融合与发展。

### （一）信息化教学的基本理念

教育理念的转变从深层次改变了传统的教学方式，而信息技术则从外部提供了强有力的支持手段。信息化教学的基本理念主要表现在4个方面。

1.强调以生为本

在传统教学过程中，教师是课堂的中心，是知识的占有者和传授者，学生围绕教师和教材展开活动。在信息化教学过程中，学生是学习的中心，传统的教师讲授式教学将不断让位于师生互教互学，形成一个真正的"学习共同体"。学生利用丰富的信息资源，按照自己的能力、风格、爱好选择适合自己的学习内容，采取灵活多样的学习方式，提高自己的学习的能力，从而实现学习效果的最优化。教师作为学生学习过程的促进者，主要作用在于指导、监控和评价学生的学习过程。

2.强调学生的主观能动性

在传统教学过程中，学习者往往被看作知识灌输的对象，所谓教学就是教师将自己拥有的知识传授给学生，学生的独立性、主动性被忽视，学生是被教会，而不是学会，更不是会学。在信息化教学过程中，学生在情境、协作与会话等学习环境中，在教师的指导下，主动地、富有个性地学习，对当前所学的知识进行意义建构并用其所学解决实际问题。

3.关注信息技术与课程的整合

早期的信息技术仅仅作为学习的对象，后来发展到作为学习的工具，目前更加注重信息技术与课程的整合。当前，学校中的课程和教学并没有因为使用信息技术而发生根本性的变革，信息技术的教育潜能也未能得到充分发挥，信息技术也还未能有效地融入课程与教学之中，信息技术与教学还存在"两张皮"的脱离现象。信息化教学过程强调课程与信息技术的整合，注重把信息技术整合于学习过程中。这种整合不是单纯地在学习中应用信息工具，而是在课程建设和教学过程中有机地整合各种教学理念、教学方法、信息资源和技术工具，把信息技术与课程知识融为一体，推动教学过程和教学效果的最优化发展。

4.重视对学习的过程性评价

在传统教学过程中，特别是在课堂教学中，对学生的评价大多数情况下取决于作业、单元测试、期中考试或期末考试。这些评价方式注重总结性评价，属于静态的评价方式。在信息化教学过程中，人们更加强调过程性评价，即在学习过程中对学生进行监督、评价，并提供实时反馈，让学生在学习过程中不断调整自己的学习方式，提高学生的元认知策略，达到一种不断上升的学习效果。这是一种动态的、发展的教学评价观。

## （二）信息技术对教学过程的支持

信息技术为教学过程的变革提供了有力支持。例如，开发基于真实问题的研究性课程，开发数字化、多媒化、分布式的学习资源；有效拓展学习空间，构建新一代网络课堂、虚拟社区、虚拟实验室等学习环境；提供师生之间及学习者之间的方便、快捷、高效的学习交流渠道，创建各种类型的学习共同体等。我国有学者认为，信息技术作为学习者与学习环境互动的中介工具，主要包括学习管理工具、信息资源媒体、信息处理工具和社群互动工具。

1.学习管理工具

信息技术的一项重要功能是支持对学习活动的管理和监控。它可以支持对学习活动的规划设计，收集和保留关于学习者学习情况的信息，为学习者提供有效的测评、反馈和建议，并在必要时有针对性地进行干预和控制。在传统的学习环境中，学习监控的职能在很大程度上是由教师人工完成的，而且主要是外部监控。在新的学习环境中，基于计算机的各种工具可以为学习的监控提供有力的支持，包括学习管理系统、电子学习档案袋、计算机辅助测验、适应性学习系统等，新型的计算机化学习环境更多地强调通过提供关于学习状况的信息和学习建议来促进学习者对学习过程的自我计划、自我监视和自我调节。

2.信息资源媒体

信息技术作为媒体可以承载和传输各种内容资源，提高内容资源的丰富性、交互性、灵活性和开放性。内容资源的具体形式包括课件、教学资源库、电子教材、电子书刊、学生自建数据库、数字图书馆、数字博物馆、虚拟科技馆等。这些内容资源既包括结构化程度较高的课件，也包括各种开放的素材资源；既包括校本资源和本地性资源，也包括全球范围内的分布性资源；既包括专门为教育目的设计开发的资源，也包括各种各样的并非专门为教育目的而开发的但可以用于教育的信息资源。图书馆、博物馆、科技馆、美术馆及大众传媒等公共服务机构可以借助多媒体网络技术为教育提供丰富的、高质量的资源和更便捷的服务。

3.信息处理工具

学习过程中包含非常复杂的信息加工活动，需要借助一定的信息处理工具，如计算工具、写作工具、绘画工具等。计算机技术等信息技术从诞生之初就是为了完成信息加工任务的，随着这种高级的信息处理工具的发展，它能够更有效地帮助学习者实现灵活开放的、随时随地的信息处理活动。因此，在信息化时代，学习者可以充分利用计算机技术等信息技术更有效地加工信息，如运用各种用于处理文字、数据或多媒体信息的应用软件，多媒体与网页制作工具，模拟、建模与知识可视化工具，各种面向特定认知任务的认知工具（如概念图工具等），以及帮助学习者完成各种具体任务的智能教育代理工具等。

4.社群互动工具

网络等信息技术越来越成为一种人类沟通交流的有力工具，而人际交往与互动则在教育过程中占有核心地位。计算机媒介沟通（Computer Mediated Communication，CMC）工具可以有效支持人际互动，扩展参与沟通的成员的范围，扩展理解与思想的广度，促进学生与同伴、教师、专家等人士跨越时空的沟通交流。CMC既可以支持同步交互（如网上聊天室、视频会议等），让学生能够与身处远方的同学、教师和专家实时交流，也可以支持异步交互（如E-mail，BBS等）。而且，利用计算机支持的协同工作（CSCW）工具，如共享白板、MUD（多用户对话）等，还可以实现学生的网上远程协作学习以及教师之间的合作。

### （三）信息化教学的特征

信息化教学是在信息化环境中以学习者为中心展开的，这是其最基本的特征。在信息化教学过程中，学习者不再是等待知识灌输的对象和外部刺激的被动接受者，而是积极的信息加工的主体、意义的主动建构者；教学不再仅仅关注学生的智力发展，而是关注学生作为一个"完整的人"的发展，即更加注重学生智力和人格发展的协调。

教学过程中的信息技术是用来强化现行的课程教学，还是实现新型的信息化教学，这在很大程度上取决于教师。信息技术的应用不会自然而然地创造教育奇迹，它可以被用于促进教育革新，也可以被用于强化传统教育；信息技术的发展并不必然带来教学的革新，只有应用现代教育理念革除传统教学的弊端，才能真正实现信息化教学这一崭新的教学形态。

和传统教学相比，信息化教学从学习目标、教学内容、教学资源、学习控制、社会情境、教学方法、教师角色、学生角色、教师评价、知识状态等方面都发生了深刻的变化，变化是多维度、多层次、多方位的。表4-3-1清晰地反映了信息化教学区别于传统教学的一些本质特征。

表4-3-1　信息化教学与传统教学的比较

|  | 传统教学 | 信息化教学 |
|---|---|---|
| 学习目标 | 浅层次的理解 | 深层次的理解 |
| 教学内容 | 严格忠实于固定的教材 | 追踪学生的问题和兴趣 |
| 教学资源 | 材料主要来源于课本和手册 | 多样的、情境性的信息 |
| 学习控制 | 主要依赖教师的监控 | 注重学习者的自我监控 |
| 社会情境 | 缺乏有效的沟通、合作和支持 | 充分的沟通、合作和支持 |
| 教学方法 | 教师向学生传递信息，学生是知识的接受者 | 教师与学生对话，帮助学生建构知识 |
| 教师角色 | 指示者、专家和权威 | 发问者、引导者、帮助者、促进者、协商者、谈判者 |
| 学生角色 | 学生主要是独立学习 | 注重合作学习 |

续表

| | 传统教学 | 信息化教学 |
|---|---|---|
| 教师评价 | 通过测验、成绩来评价学生，强调结果；评价主要采取定量分析的方法 | 既通过测验也通过学生的作品、试验报告和观点来评价学生，过程和结果一样重要；评价采用定量与定性分析相结合的方法 |
| 知识状态 | 知识是静态的 | 知识是动态的，注重学生的发现与体验 |

## 二、信息化教学的策略运用

教与学的过程通常都会面临各种复杂多变的现实情境，如何在动态变化的教学情境中随时运用相应的有效活动策略，这将直接影响教与学的效果。

教学策略通常是指为达到教学目的而采用的手段和方法，是一种能够适用于各种具体情境的操作性技能和规则性框架。策略介于抽象的目标和具体的行动之间，它不同于具体的方法，而是根据教学目标的需要对具体行动方法的考虑和规划，是在具体的教学情境之中表现出来的具有技巧性特征的行动方式。

学习策略描述的主要是学习者对学习过程进行的自我调节和控制，而教学策略则主要描述为了促进学生学习，教师对教学活动所进行的设计、调节与控制。学习策略和教学策略并无本质的区别。各种学习的方法和技术，如果是由学生自主调节和控制用来学习时，它们就是学习策略；如果是以教师控制为主来组织和开展教学活动，用以促进学生对知识的学习时，则被称为教学策略。同样，各种教学策略如果由教师组织和控制转化为学生自主组织和控制时，它们也就转化成学生的学习策略了。

### （一）教学内容的组织策略

教学内容的组织策略可分为宏策略和微策略两个层次，主要涉及对教学信息、教学内容和教学材料的设计与呈现等问题，是关于教学内容的序列结构和编排组织的策略，包括以下两个理论。

1.精细加工理论

教学的宏策略关注教学内容的选择、编排及知识间的组织结构等，主要考虑如何将各类不同的知识（如事实、概念、原理、过程等）组织成一个有机的整体（如一节课或一门课程），以及如何在不同的知识点之间建立有机联系等。

查尔斯·瑞奇鲁斯（Charles Reigeluth）提出的精细加工理论（The Elaboration Theory，ET）通常采用变焦镜头的隐喻进行类比。人们使用变焦镜头拍摄照片时，首先，注意画面的主体及其与各部分间的关系，开始时往往并不注意细节；其次，可能聚焦到某一局部来仔细观察画面的细节部分；最后，将镜头拉回广角，观察该部分与其他部分以及与画面整体的关系。如此反复，拍摄者便可以逐渐认识镜头画面的整体结构、组成部分及局部与整体或局部与局部之间的相互关系。

基于"变焦镜头"的类比，精细加工理论主张教学应始于一种特殊的"概览"（overview）。它以教材中最简单、最基本的"观念"（idea）为焦点，其后就概览中的某一部分或某一方面添加细节或增加复杂程度，再重新回顾概览以及呈现新观念与先前观念之间的关系，最后通过总结和综合对教学内容继续进行精细加工，直到实现全部的预期要求为止。精细加工理论提出了教学内容组织的7种策略成分，即从简单到复杂的序列（学科结构）、学习的先决条件序列（课时结构）、总结、综合、类比、认知策略激发器和学习者控制方式。

精细加工教学的一般模式通常是从呈现"摘要"课开始的。摘要课的组织程序通常包括：确定将哪一种知识类型作为组织性内容，其余两种则作为支持性内容；列出学科知识的全部组织性内容；选择出其中最具代表性的、最简单的基本观念，在具体的应用水平（而不是抽象的记忆水平）上提供呈现。摘要课的教学过程一般包括启动动机、提供类比、说明先决条件、呈现组织性观念、呈现支持性观念、课内总结与综合等。摘要课完成之后就可以按照学科内容的层级结构逐步开展课程教学，每次课的教学结构都与摘要课的模式基本类同。如此继续，直到完成预定的教学任务。

### 2.成分显示理论

微策略通常被看作对微观教学内容的编排规划，它主要关注如何针对概念或原理等个别知识点来组织教学。戴维·梅里尔（David Merrill）提出的成分显示理论（Component Display Theory，CDT）首先将学习结果按照"业绩—内容"二维矩阵进行分类：业绩维度是指学生学业行为的表现水平，通常划分为记忆、应用和发现3个层次；内容维度是指教学材料所涉及的具体项目类型，包括事实、概念、过程和原理4类。根据业绩层次和内容类型可以确定相应的教学目标，再据此确定与教学目标相匹配的具体要素，如目标条件、目标行为和目标标准等。

梅里尔认为，教学的呈现形式（即教学策略）可分为基本呈现形式（Primary Presentation Forms， PPF）和辅助呈现形式（Secondary Presentation Forms，

SPF）两种类型。按照知识内容和呈现形式的不同，基本呈现形式主要包括"探究事例""探究通则""解释事例""解释通则" 4类；辅助呈现形式是指在基本呈现形式之外提供一些"精细加工"信息，如提供学习帮助、唤醒先决知识、替代表征（指以不同方式或在不同情境中重现信息）、记忆术、学习反馈等。通过适当的辅助呈现形式，能够使教学起到提高学业成绩和学生参与学习的效率等作用。

基本呈现形式虽然只有解释和探究两种方式，但呈现的内容要素却可以是一般性定义、过程、原理或具体事例等。因此，呈现形式与内容要素匹配便能够产生多种教学组织策略。成分显示理论的关键内容是开列教学处方，不同的教学处方是在对不同类型的学习内容所要求的学习结果（行为目标）进行分析的基础上得出的，教学呈现形式的选择也由此而来。

## （二）教学过程的行为策略

教学行为是教师为完成教学目标和教学任务在教学情境中表现出来的教学活动行为，是教学过程的有机组成部分。对它的选择和运用既要考虑教学目标、教学内容和学生特点，又要考虑各种教学行为自身的功能效果和表现形式。因此，教学过程的行为策略应满足以下条件。

### 1. 激发学生的学习动机

学习动机作为推动学生学习的内部动因，一般涉及学习兴趣、需要、驱力和诱因等诸多方面。学习动机的激发是指通过外在刺激使学生潜在的学习需要转化为积极的学习行动。其关键在于利用一定的外部诱因，促使已经形成的学习动机由潜在状态转入活动状态，从而推动学生的学习行为。

激发学生的学习动机一般应掌握以下策略。

第一，提出明确而又适度的学习要求。合适的目标要求应该是"跳一跳，摘桃子"，也就是说，学习目标应该制定在教学的"最近发展区"之内。

第二，以激发内部动机为主、外部动机为辅。新颖的学习材料、有趣的问题情境及启发式教学等都有利于激发学习的内部动机；采用生动的学习材料或使用不同的信息呈现方式可以调动学生的学习兴趣，如利用录像、投影等媒体或采用游戏与模拟、计算机演示等方式都能激发学生学习的内部动机。

第三，及时提供对学习结果的反馈。学生及时了解自己学习的结果，会对学习动机产生很大的激励作用。

第四，恰当运用竞赛、评价与奖励等措施。对于这些措施，应注意使用的合理性，否则效果会适得其反。例如，竞赛频繁会造成学习的紧张气氛并加重学习负担；错误评价会挫伤学生的自尊心和学习自信心等。

2.注重信息呈示

信息呈示是指在教学过程中教师向学生呈现信息内容的行为。按照教学手段的不同，教学过程的信息呈示可分为语言呈示、文字呈示、动作呈示、教具呈示和视听呈示等基本类型。

语言呈示主要是指教师在教学中的讲述行为。

文字呈示主要是指教师以板书呈示知识要点或结构等。

动作呈示是指教师通过演示操作或特定的动作示范，为学生提供训练模仿的学习信息，从而使学生学会相应的动作技能或操作行为。

教具呈示是指使用实物、标本或模型等直接为学生提供感性经验。教师使用各种教具呈示信息时，应注意结合讲解、分析或操作演示，并向学生说明模型与实物之间的差异，以免给学生留下错误印象。对于外部结构不清或者内部结构无法呈现的模型或实物教具，应该注意与其他手段配合使用，如借助挂图、投影等手段来说明事物的内部结构或关系等。

视听呈示是指通过各种音像媒体技术来表现知识内容的教学行为，如使用投影媒体、电声媒体、电视媒体、计算机多媒体技术等向学生呈示教学信息。常用的视听呈示类型主要有：讲解以前呈示，用于引发学生兴趣或分析任务；教学难点呈示，用于帮助学生释疑解惑；讲解之后呈示，用于知识总结或综合归纳；使用交互式媒体，如计算机等进行人机对话学习或个别学习指导等。

美国著名心理学家理查德·梅耶（Richard Mayer）通过研究发现，同时接受语言和视听呈示的学生（多表征组）在问题解决迁移测验中做出的创造性解决方案数量，比仅接受语言呈示的学生（单表征组）平均高出75%，这被称为符号表征的多媒体效应（Multimedia Effect）；而当语言和视听结合呈现时（结合组），学生对迁移问题的创造性解决方案数量比语言与视听分开呈现时（分离组）高出50%，这被称为结合效应（Contiguity Effect）。教师应用多媒体技术呈现教学信息时，首先要了解各种媒体的功能特点和使用方法，然后根据教学内容和目标需要来选择恰当的媒体类型和组合方式，从而对教学过程中媒体技术的应用进行良好的设计。

3.加强教学会话

教学会话是指师生之间通过语言方式共同进行的学习交流活动，如课堂提问、作业答疑、组织讨论、通信交流等，其中，提问和讨论是教学过程中最常用的会话方式。提问能引导学生参与教学过程，调动学生的学习动机，为学生学习提供注意线索、课堂练习与交流反馈的机会，并有助于促进学生学习结果的迁移。讨论则是在学生之间以及学生和教师之间进行的一种教学会话行为，形式主要有学习小组讨论（针对具体知识内容）、活动小组讨论（与特定任务或具体活动有关）和专题内容讨论（针对某一主题或是有争议的问题）等，有助于促进师生之间的相互作用，能够使所有的学生都参与到学习活动之中，同时，还有助于学生形成对某一问题较为一致的理解、评价或判断，是一种有利于促进学生发现学习和知识建构的教学策略。

当以学生为主开展各类教学活动时，教师的作用主要体现在学习指导（或辅导）方面，如帮助学生确定活动主题和目标、指导学生设计活动内容和实施方案、帮助学生选择活动方式和方法，并进行人员分工和组织。教师可以以讨论、问答、参观或观察等方式引入活动课题。学生在活动过程中遇到困难时，教师应启发学生独立思考，探究问题，寻求问题解决的途径，同时，教师应对学生的活动给予适时的评价，通过组织交流共同提高对学习和探究活动的认识。

## （三）信息收集与评价策略

### 1.信息收集策略

信息化时代的教学信息越来越丰富，信息使用者应该能够合理利用可获得的各种资源。人们不仅可以通过书籍、杂志、电视、广播、录像带、电子光盘等获取信息，还可以通过因特网获取更多的信息资源。由于因特网资源的极大丰富，学习者除了要具备传统的信息搜索技能以外，还需熟悉并能熟练应用网络信息获取的方法、策略和技能。

（1）网络信息搜索过程

有效的网络信息搜索过程一般包括6个步骤，即确定搜索主题、制订搜索计划、选择搜索工具、实施搜索过程、评价信息质量和存储搜索结果，下面将展开具体介绍。

第一，确定搜索主题。为提高搜索效率，我们在正式搜索之前，应该分析自己所需信息的主题和关键字。主题是否清晰是选择搜索工具的依据，清晰的主题可以借助"关键词搜索引擎"获得相关信息；模糊的主题可以通过浏览主题树或主题目录得到所需资料。

第二，制订搜索计划。制订搜索计划是保证搜索系统化的一个非常有效的策略。搜索计划主要包括3个方面：一是搜索什么，这是对搜索主题的细化，围绕主题列出详细的搜索目标；二是到哪儿去搜索，针对每一个具体的搜索目标，分别列出可能的信息源；三是如何搜索，预设搜索过程，分析哪种搜索工具可能最恰当，哪种搜索方法可能最合适，搜索过程可能包括哪些步骤等。

第三，选择搜索工具。熟悉网上常用的搜索工具及其特点，对于合理选择搜索工具、提高搜索效率是很有必要的。为了获得最好的结果，我们需要为每一项任务选择最恰当的搜索工具或者把多种搜索工具结合起来使用。

第四，实施搜索过程。搜索过程中应选择合适的关键词，关键词一定要和主题密切相关，同时，搜索过程中应使用尽量多的关键字，以缩小搜索范围，减少结果中的链接数。掌握逻辑运算符（与、或、非）的使用方法，可以大大缩小搜索范围，节省时间。学生应该学会浏览式搜索、超文本式搜索、纲目式搜索和逻辑式搜索。

第五，评价信息质量。我们在搜索过程中要进行信息评价，以便确定信息是否和主题相关，信息来源是否可靠等。

第六，存储搜索结果。我们可以把搜索到的与主题相关，又相对可靠的文档下载到本地计算机上，把获得的有价值的信息进行归类、合并，使其成为一个结构完整、条理清晰的文档。

（2）网络信息搜索策略

互联网上包含巨量的各类信息和资源，要想快速对互联网信息进行检索和查询，除了需要依靠搜索引擎的帮助，还需要掌握以下信息搜索的策略与技巧。

第一，选择恰当的关键词。恰当选择关键词是网络信息搜索成功的保障。确定关键词首先要明确需要搜索的信息主题，然后提炼此类信息最具代表性的关键词，可以使用一个关键词进行搜索，也可以按照"与（AND）""或（OR）""非（NOT）""+"等逻辑关系同时使用多个关键词进行搜索，以提高信息检索的准确率。

第二，句子检索法。检索网络信息所用的"关键词"既可以是单词或词组，也可以是一个完整的句子。例如，在搜索小说、文章等文本内容时，最简单的方法就是用文本标题作为"关键词"进行搜索，或是使用文中的某句话进行检索，这样可以提高信息检索的准确率。

第三，文件检索法。如果搜索目标是一个文件，可以充分利用文件的名称标志。如需要搜索某种设备驱动程序时，如果选择设备的品牌或型号为关键词，则会返回许多与主题无关的设备信息；如果在关键词后面加上ZIP或RAR等常用文件扩展名，搜索效率则会明显提高。

第四，利用"同类链接"快速查找相关信息。如果希望从互联网上找到同类的系列网站，可以利用某个网站名字或地址作为关键词，因为链接到查询站点的往往是同类站点。利用这种方法可以快速找到一系列相关的网站。

第五，中西结合检索法。在使用搜索网站时，灵活地结合中文和英文可以很好地完成某些搜索任务。例如，使用英文或中文词汇作关键词检索，指定搜索网站只返回中文或英文网页信息；也可使用中文和英文关键词混合检索，只要求返回中文或英文网页信息等。

### 2.信息评价策略

丰富的网络信息一方面拓展了教育信息的来源，另一方面也给教师和学生选择和评判信息增加了技能要求。在信息的海洋中，面对大量良莠不齐的信息资源，如何判断各类信息的质量和价值？如何确定哪些信息真正符合自己的需要？作为信息使用者，必须学会分析和判断信息的可信性、有效性和可用性。

1997年，罗伯特·哈里斯（Robert Harris）开发了网络信息评价的CARS量表，以可信度（Credibility）、准确度（Accuracy）、合理性（Reasonable）和支持性（Support）作为评价网上信息的4个最基本的指标。

（1）可信度

信息的真实性、可靠性非常重要。当一个网络信息是以匿名发布的，或没有一定的质量保证的依据，或对该信息的评价是否定的，或信息中有多种语法错误、拼写错误等，那么，该信息的可信度就值得怀疑。一般情况下，信息的可信度可以从以下3个方面进行考虑。

第一，作者（信息提供者）可信度。网页的作者是谁？是个人、机构还是组织？作者发布信息的动机是什么？是否提供了作者的联系方式？作者是否花了大量时间提供其他相关网页的链接？

第二，质量保证的依据。学术期刊的文章由于经过严格评审，一般有可靠的质量保证。而对于一般的网络信息，有些要素可以反映它是否有一定的质量保证，如发布站点的组织是否具有一定的影响力和权威性等。一般高等院校、科研机构、政府机构等站点发布的信息要比商业站点和娱乐站点发布的信息更可靠。信息来源可通过信息所在站点的域名得知。

第三，元信息。元信息是指有关信息的信息，主要有总结性（summary）和评价性（evaluative）两类。总结性元信息通常是对信息内容的概括，如摘要、内容总结等。它提供了一个内容框架，人们无需对所接触到的信息从头到尾进行阅读，便可对该信息有大概的了解，这样不仅节约时间而且可以增大信息量。评价性元信息主要是对信息内容的分析判断，如评论、被索引的次数、推荐意见、评述等。总结性元信息与评价性元信息可以相互结合，以便对信息提供精练准确的概括。

（2）准确度

对准确度的核验主要是确保所获取的网上信息的内容是正确的。影响准确度的要素有以下几点。

第一，时效性。信息都有生命周期，即具有时效性。在网上查找到信息后应注意它的发表日期，以确定该信息是否有使用价值。

第二，全面性。准确度较高的网上信息应该具有一定的全面性，其观点和结论不是偏颇的、走极端的，而是建立在全面、准确的基础上的。

第三，针对性。针对性是指搜索命中的目标与所研究主题之间的相关程度。

（3）合理性

网上信息若具有合理性，就应做到信息内容的公正、客观、一致。

第一，公正性。公正性即网页提供的信息是合理的、理智的，不加入个人的感情色彩和倾向性。

第二，客观性。虽然没有什么东西能绝对客观，但是一个有价值的网上信息应尽量做到客观。有些信息因为受政治、财政或商业利益的驱动，失去了客观性，尤其是商业类广告信息等较为突出。

第三，一致性。一致性是指网页信息应该前后一致，不矛盾。

（4）支持性

影响支持性的因素有以下几点。

第一，出处。一般被索引内容的出处、作者等都可以间接反映网页提供信息的质量。

第二，确证。在引用一种观点或论断时，应考虑是否有足够的证据表明这种观点或论断的正确合理。

第三，外部一致性。外部一致性是指网页提供的信息通常是由新旧信息共同组成的，用户可以通过对其中已知信息的质量来推断网页上的新信息的质量水平。

　　总之，对网上信息的判断，要借助于丰富的预备学科知识，同时，要尽可能多地收集相关信息，多角度、多层次地了解不同作者的相关论点，着重考虑其可信度、准确度、合理性和支持性，对其进行综合评价，以确保信息质量。

# 第四节　高校财会教学中现代技术应用案例

## 一、翻转课堂在高校财会教学中的应用

### （一）翻转课堂的概念

　　"翻转课堂"从提出至今并没有形成统一的概念。美国林地高中的化学教师乔纳森·伯格曼（Jonathan Bergmann）、亚伦·萨姆斯（Aaron Sams）认为翻转课堂是一种教学手段，是在教育信息化环境中，通过对知识传授和知识内化的颠倒安排，对师生角色定位的转换及对课堂时间的重新规划的一种教学模式。它最大的特点就是为学生提供个性化的学习环境。教师可以对每个学生进行高效的个性化教育。美国经济学家莫里·拉吉（Maureen Lage）和格兰·普拉特（Glenn Platt）认为：翻转课堂就是将本应该在课堂上进行的教学活动放在课下进行的教学模式。钟晓流等人认为：翻转课堂就是在信息化学习环境中，教师提供以教学视频为主要形式的学习资源，学生在课前完成对教学视频等学习资源的观看和学习，师生在课堂上一起完成作业答疑、协作探究和互动交流等活动的一种教学模式。陈玉坤、田爱丽认为：翻转课堂是学生课前先自学基于教学目标和内容制作的教学视频，完成进阶作业，课堂上师生一起解决疑难问题、创造探究的学习形式。

　　结合不同学者的观点，本书认为翻转课堂是在微视频的触发下，通过改变教学程序、优化教学时间，激发学生主体性、师生协作性而形成的一种灵活的信息化教学模式。它的特征主要为：第一，强调教学顺序的改变——课前学生自主学习以微视频为主的学习资料，课堂中教师帮助学生内化知识、运用知识，对学生存在的问题进行指导；第二，强调在学习过程中学生的责任意识，在翻转课堂中，学生自己掌控学习的节奏并且为自己的学习负责；第三，强调生生、师生间

的沟通交流，翻转课堂中的学习不再是学生自己一个人的"孤军奋战"，而是可以通过交互平台实现师生间、生生间即时的互动沟通；第四，是围绕学生的个性化学习而展开的高效教学模式，以学生"学会"、真正掌握知识为根本目的，以发展学生高阶思维能力和终身学习能力为导向。

本书提出的"翻转课堂"的概念，不仅强调教学流程的改变、教学视频的应用等，更强调其是一种教育思想的转变，一种能够打破传统"教师讲，学生听"的僵硬教学状态，通过运用信息化手段和教学资源来调动学生学习的积极性的一种多元、灵活、泛在的教学模式，它时刻将学生的主体性、人本性贯穿于教学的各个环节，最终实现教为学服务、教学统一，促进学生创新能力、批判能力、实践能力发展的终极目标。

### （二）翻转课堂的研究背景和缘起

在这个飞速发展的信息化时代，计算机、智能手机、平板电脑等移动终端设备以及QQ、微信、微博等软件已经成为人们特别是年轻一代日常生活中不可或缺的一部分。信息技术为学习者中提供了广阔的学习平台和丰富的学习资源。与此同时，传统课堂教学模式已经愈来愈满足不了学习者对知识多元化的需求，而大学生对知识的专业化、个性化的需求对课堂教学提出了更高的要求。"如何借助这些信息技术使得传统课堂教学变得更加灵活和高效"是值得广大高校教师思考的问题。借助以信息技术为支撑的翻转课堂对高校课堂教学加以改革，不失为一个满足大学生多元化学习需求的良方。

#### 1.高校传统课堂教学亟须改革

《国家中长期教育改革和发展规划纲要（2010—2020年）》中强调"深化教学改革，全面实施'高等学校本科教学质量与教学改革工程'"。教师要把教学作为首要任务，不断提升教育教学水平。但就目前大学的教学状况来看，部分教师仍然采用以教师、教材为中心的教学模式，仍然沿用"教师满堂灌、学生满堂听"的以教为主的教学模式，忽视学生的主体性，课堂呈现低效、缺乏活力的状态；学生课后的学习仅是为了应付考试，对教材中的知识点进行机械记忆、简单应用。长此以往，这种教学方式将会严重影响大学生创造思维、创新能力、实践能力的培养，不利于高等教育质量的提高和高等教育人才的培养。翻转课堂的引入能够为高校教学改革、创新大学教学方法提供一个很好的方向，并且对提升高等教育教学质量，培养创新人才、实践人才具有重要的意义。

2.翻转课堂在全球范围内迅速发展

20世纪90年代中期，美国迈阿密大学进行了一场名为"翻转课堂"的教学实验，这是最早出现的翻转课堂形式。2006年美国林地高中的两位化学老师，乔纳森·伯格曼（Jonathan Bregmann）和亚伦·萨姆斯（Aaron Sams）在偶然的一次课堂教学中采用"翻转课堂"的教学方法，发现教学效果显著。2007年萨尔曼·可汗（Salman　Khan）建立在线的"可汗学院"，将自己讲课的视频放在网站上。2010年可汗开始在加州的一个学区开始试验"翻转课堂"。至此，翻转课堂在美国被迅速传播开来，美国中小学教师对翻转课堂的热情持续升高，试验的学校不断增多，相关的翻转课堂学习网站不断增多，在线交流的教师规模也不断壮大。与此同时，加拿大、澳大利亚、新加坡等其他国家的学校也先后进行了翻转课堂的教学改革试验，翻转课堂在全球范围内得到推广。翻转课堂在一定程度上适应了国际教育改革的潮流，为我国高校教学改革提供了可参考的方向。

3.大数据时代的推动

大数据在教育领域的应用主要是通过网络学习平台对教育数据的记录、分析来了解、判断教学行为，从而提高教学效率，实现个性化的教学服务。在线网络课程可以根据学习者的学习基础和能力基础为其制定相适应的学习方案，实施教学干预，通过记录学习者的学习需求、学习行为，明确学习者的学习特点，提供有针对性的学习资源和教学服务。高校教学要想充分利用学生学习中产生的学习数据来改进教学，就要充分发掘互联网、信息技术在教学中的作用，加快信息化教学改革的步伐，顺应大数据时代对教学的要求。翻转课堂作为一种信息化教学模式，不失为一种解决大学课堂同质化、低效等教学问题，实现信息化教学的良方。

## （三）高校财会教学实施翻转课堂的必要性和可行性

1.高校财会教学实施翻转课堂的必要性

（1）适应教育信息化发展的需要

随着互联网技术和计算机科技研发与应用的发展，我国教育信息化水平也在不断提高，现代信息技术在教育领域的作用不言而喻。而翻转课堂作为一种教育信息化发展的成果，从一定程度上改变了人们对"知识传授"与"知识内化"的传统理解，激发了人们对人才培养的创新模式探索和教育模式的改革。教育部从《教育信息化十年发展规划（2011—2020年）》等相关行动计划文件对我国未来的教育信息化进行了计划式的推进规定。总的来看，在教育信息化的发展大趋势下，翻转课堂作为一种新的人才教育理念，对人才培养的学校提出了新的要求。为了适应这种要求，高校已经开始以应用型人才培养为主，以教育信息化为基础，不断探索人才的教育方式。翻转课堂在一定程度上则满足了高校的这种需求。

（2）对当代课程改革落实的需要

何种教育是最符合人类认知规律的教育？何种教育才是提高教学效果的教育？这些都是教育者在不断探索的问题，也正是因为有了探索，所以才有了不断的课程教学改革。"翻转课堂"本身也是一种课程教学改革，与传统教学不同，翻转课堂"先学后教"更符合人类的认知，这是因为"翻转课堂抓住了学生最困难与最迷惑的时候"。高校所培养的人才是应用型人才、技术型人才，但是高校的教育模式往往沿用的是以"教学为中心"的培养模式，学生在学习过程中处于被动接受的一方。很多研究结果都表明，这种传统教学模式并不符合学生的个性化发展和创新能力的提高，这就需要高校及时调整人才培养方式，积极面向教育信息化来改革课程教学。

2.高校财会教学实施翻转课堂的可行性

（1）翻转课堂能够满足财会教学要求

从财会课程性质来看，课程的实践性、理论性以及操作性都很强，在财会课程中引入翻转课堂理念，可以将教学时间重新进行分配，将网络学习与课堂学习有机结合起来，将课堂学习延伸到学生的业余时间，课程学习不再受时间和空间的限制，使教学资源得到高效的利用。在这种模式下，课程教学可以分为课上与课下两个阶段，课上教师是讨论的组织者和作业的辅导者、讲解答疑者，课下是学生自学的阶段，学习内容主要来源于教师的课件、搜集的教学资源、发布的教学任务和教学视频等，而课堂则成了学生与教师的互动场所，教师可以有更多的时间观察、引导和帮助学生。

翻转课堂可以避免课程教学形式化和程序化。学生在翻转课堂中的各种仿真实训操作训练，让他们有了更多的实训操作的机会，而学生的知识建构也正是在这种实训实践的过程中生成的。

翻转课堂能够进一步提高师生之间互动的频率。对于教育者来说，翻转课堂为师生搭建了一个很好的互动平台。在"互联网+"的大背景、大趋势下，远程教育、网络教育等都为教师与学生之间的课堂互动提供了时间保障。将自学放置于课外，课上在互动交流中解决问题，就是一种有意义的"翻转"。

此外，翻转课堂颠覆了师生之间的地位。尤其是对教师来说，自上而下的灌输式教学不再适用于翻转课堂之中，在翻转课堂理念的指导下，教师放下自己的权威，走下讲台，走入学生之中，成了学生在学习中的指导者和引导者。在翻转课堂教学模式中，教师的身份更类似于一场比赛中的"教练"，与传统教学模式相比，身份发生了绝对性的改变。

（2）财会课程能够适应翻转课堂的教学特点

根据翻转课堂的特点，在财会课程的教学中，翻转课堂更适合于带有实践性、可操作性以及应用性较强的教学内容。财会课程本身除了具有一定的理论性外，实践性和应用性等也比较明显，这些特征与翻转课堂的本质是十分契合的，这也为在财会课程中实施翻转课堂提供了可能性。在财会传统教学中，由于课时所限，多数教师只能刚好完成理论部分的讲解，在关于课程的实践训练安排上则相对较少，学生在学习财会课程时，由于缺乏对会计实务的经验积累和基本认识，再加之个人的生理（年龄较小）等原因，他们对会计基本理论和方法很难充分理解和掌握，过多的理论教学则会影响到课程的实际教学效果。而翻转课堂有助于改变传统教学模式下课时不足、学生自主性不强等问题，对教学效果有着非常重要的促进作用。

## （四）财会课程实施翻转课堂的理论基础

### 1.掌握学习理论

所谓掌握学习理论，是美国学者布鲁姆基于对何为有效学习的思考逻辑提出的理论，主要是针对当时在学校中教师对学生"三分之一"等分的预期理论的批判，布鲁姆认为这种预期在教学中是十分有害的，它固定了学生的身份，否定了差生难以自我改变的可能，这种预期不仅会削弱教师的动力，也会影响到学生的学习动机，所以布鲁姆在"所有学生都能学好"的认知下，提出了旨在为学生提供个性化帮助的学习理论——掌握学习理论。该理论探讨了学习时间与学习者能力之间的关系，强调学习者对知识的掌握来自两个层面：第一个是教师的教学效果（最佳教学），第二个则是学习时间。布鲁姆在他的实验研究中观察发现，只要"能够给学生提供最佳的教学和足够的时间，绝大多数学生都能掌握所学的知识（通常为知识内容的80%～90%）"。在布鲁姆看来，学习时间、毅力以及教学质量是学生掌握知识的变量，在学生的学习程度中有着重要的影响。在这三个变量中，学习时间的提法则与翻转课堂是不谋而合的。同时，学习时间也是财会课程十分注重的，因为会计的实务非常需要学习时间予以保证，它不是理论讲解可以代替的。掌握学习理论作为财会翻转课堂实施的理论基础，要求教师要改变学生的"学习时间"，而翻转课堂的教学模式则为掌握学习理论中提出的"学习时间"提供了一种实现途径。

在财会的传统课堂教学中，由于是大班集体教学，教师很难在教学中顾及每一个学生的需求，很难做到因部分基础差、能力差的学生而放慢自己的教学进度，同时，也很难从时间上保证去回答每一个学生在学习中遇到的问题。而在"翻转课堂"的教学中，教师可以将课件和教学资源、视频放置于网络平台上，让学生依据自己的情况有重点地学习知识，保证了"学习时间"。同时，学生可以自定学习进度，利用课下学习、课堂提问与探讨的方式，保证知识掌握的可能。在翻转课堂教学下，学生对理论的学习有了个性化的特征，学生的学习能力和学习速度等，不会成为学生学习程度的制约，反而使学生有了更多的时间可以反复去学习（观看教学视频）。这种课下自主学习打破了传统教学模式在时间和空间上的束缚，保障了学生的学习时间，从而在布鲁姆"掌握学习理论"框架范围内，让每一个学生（好学生、差学生等）都实现掌握学习知识的目标，帮助每一个学生获得提高，同时，也有助于提高财会课程的教学效率和效果。

2.合作学习理论

合作学习理论最早可以追溯到20世纪70年代末期的美国，是指为了完成共同的一个学习目标，围绕该学习目标进行的合作互助性学习，对于改善和发展学生的认知品质有着良好的作用。在合作学习过程中，学生的分配组合也是非常具有技巧性的，通常是将能力各异的学生进行分组与搭配，使他们通过互助与分工共同完成学习任务，通过小组的整体成绩的提高，来促进小组中成员学习能力的提高和知识的获取。

合作学习必须要具备三个条件：一是小组成员拥有共同目标；二是合作学习目标的达成提高了学生个人的认知；三是合作学习除了提高了小组和个人的成绩与认知外，还有助于提高学生的非知识能力，如交往能力、合作精神、责任意识、竞争意识、主动学习能力等。合作学习理论中的教学观念为教师主导，以学生为主体的全体式参与教学观念。教师主导就是教师作为指导者而不是直接讲授者的身份出现在合作学习过程中；以学生为主体就是要充分尊重学生的话语权和对知识的看法，保证学生学习的积极性；全体式参与就是通过分组学习的形式，让每一个同学都参与到任务目标的小组学习中，让每一个学生都能参与、都会参与、都可以参与。

从对合作学习理论的基本了解中我们可以看出，合作学习的本质是一种全体参与的目标导向的实践，小组成员之间通过良性互动和相互讨论等方式来达成学习目标。在这个过程中，学习能力和成绩相对较好的学生可以成为学习成绩较差的学生的直接帮扶者，从而实现共同进步的目的。合作学习理论改变了人们对传统师生关系的认知，树立了一种新的知识建构与学习体系，这与翻转课堂中提倡的讨论教学等理念不谋而合。翻转课堂主张在课堂上的学生讨论，将课下自主学习中的疑问带到课堂上来解决，从而实现学习能力的提高。因此，我们也可以从合作学习理论这一视角来阐述和解释翻转课堂在提高学生认知和能力等方面的效用。

3.建构主义学习理论

建构主义学习理论最早由皮亚杰提出，是指学习者的知识获得是建立在一定的情境基础上实现的，这种情境类似于翻转课堂中所提到的网络平台中的教学资源、视频资源等。在这种网络情境下，学习者不再通过教师的课堂讲授进行知识的获得，而是自主地在教师构建好的情境下进行学习，利用这些教学资源进行知识的获取与个人提高。虽然建构主义学习理论强调的是情境学习，但是教师的辅助作用同样非常重要。建构主义学习理论同样认为教师是学生的指导者。建构主义学习理论之所以能够成为翻转课堂的理论基础，主要是基于以下三种认识：首先，该理论强调的是学生进行知识获取的自主过程，这与翻转课堂的知识内化过程一致；其次，在建构主义学习理论中，师生在教与学中的作用与地位发生了改变，这与翻转课堂中师生关系"翻转"一致；最后，建构主义学习理论与翻转课堂的作用发挥都对现代信息技术有依赖，受到现代信息技术的制约。

从整个翻转课堂的完整过程来看，其效果的实现必然离不开精良的"情境"设计，良好和有趣的情境会极大地激发和提高学生的学习兴趣，激发其学习动机，从而让学生在轻松与饶有趣味的情境下获取知识。在翻转课堂中，"协作"与"会话"始终贯穿于课堂上的学习过程中，学生将课下通过网络平台自学到的知识与老师和其他同学互动讨论，在发表自己的观点和听取他人认识的"协作""会话"中加深自己对知识的理解，从而达到自己对知识的意义建构。翻转课堂的这种教学过程真正地体现出了建构主义学习理论的教学模式。

**（五）基于翻转课堂的高校财会教学策略**

1.优化课前教学材料设计

传统的财会教学模式通常要求学生们课前对课本进行预习，然而财会专业的教材一般都是老教材，内容单调枯燥，学生预习课本的话很快就会失去积极性，效果并不理想，反而会适得其反。因此，要想提高学生的学习效果，剔除教材中枯燥冗杂的信息很关键，这就需要制作学生感兴趣、需要的内容，提高学习效率。

翻转课堂需要教师在课前就提前准备好教学用的电子材料。教师在选择材料的时候一定要谨慎并专业，因为这些材料是给学生日后预习用的材料，学生将通过这些材料了解接下来学习的形式和内容。教师在制作这些材料的时候一定要考虑到整个课堂流程，制作的电子预习材料既要包含学生需要掌握的基础知识，又要有拓展的案例供学生去了解分析，为后面的课堂活动做好铺垫、打好基础。

翻转课堂在技术层面常用的教学材料一般是微视频。这些视频一般时间不超过十五分钟，虽然时间不长，但是具有较强的针对性，质量较高，学生们也可以很方便地在网上将其下载下来，因为视频容量不大。但在我国翻转课堂还没有大范围在各高校实施开展，所以有关财会教学的网络视频不是很多；就算有，也是时间较长、内容较为广泛、质量欠缺的视频，这就需要财会老师亲自制作这些微视频。制作微视频时可以采用屏幕录制捕捉软件，加以PPT辅助说明内容，最后加上教师对知识点讲解的录音就可以了。

从教学材料的内容来看，该环节主要以学生对基础知识和理论的认知学习为主，帮助学生逐步向更高层级的认知目标进行探究性学习。

2.创建学生自学信息反馈机制

翻转课堂的设计需要遵循动态课堂资源的理念。翻转课堂并不以一个既定的目标去进行教学，而是以一种动态课堂的理念，根据课堂实际情况、教师与学生的互动情况，自由灵活地进行教学，因此，其教学目标是一个动态发展着的目标。在这一过程中，随时有可能产生教师意想不到的新问题。在课前预习的过程中，学生将自己遇到的问题以邮件或者微信等形式发送给老师，老师了解问题后可以及时调整课堂内容。

3.构建互动式课堂情境

翻转课堂模式下的课堂强调以学生为中心的互动式学习，教师在这个过程中充当帮助者和引导者的角色。与传统课堂相比，由于学生在翻转课堂的自主学习板块已经对基础知识进行了掌握，课堂时间则是对知识进行更加深入的学习，再度强化知识内化的过程。知识是学习者在一定的情境中利用个人经验与外界相互作用，通过主动建构而获得的。鉴于会计的实务导向特点，教师可以根据企业具体业务流程和现实商业环境中的案例来构建真实商业环境下的课堂情境。比如，采用角色扮演法让学生扮演企业某一业务涉及的角色，模拟实际的业务处理流程，完成实物流转和单据流转，让学生对实际工作有更加深刻的了解；再如，采用案例教学法，以实际案例或者改编过的案例为学习材料，让学生围绕案例进行讨论学习。

### 4.注重教学评价与总结提升

翻转课堂的实施想要达到一定的效果需要一个很长的过程，效果是在长时间的实践中积累出来的。以前学校对教师和学生的评价都以一个学期为周期，学期结束后教师和学生互相进行评价。而在如今的翻转课堂中则可以采用全新的评估模式，以每一堂课为周期评价一回，老师在上完课后对自己有个评价，发现自己哪里做得不太好及时进行纠正改进；同时，对学生在课堂中的表现也要进行一个评价，这样一来评价会更加具体、细致化。

在以过程为导向的考核中，课前自主学习的反馈环节、小组内部讨论的课堂记录、小组推选成员展示的课堂记录，都可以作为评价学生学习成绩的重要依据。教师可以在课程开始的时候向学生说明课程的考核形式，让学生跟着教师的教学理念走，以更好地保证教学效果。

目前，我国财会课程对翻转课堂的实施刚刚开始。对于教师而言，适应这种新的课堂模式是一个不小的挑战，需要教师根据新的模式和学生的知识接受程度调整之前的授课方式和教学内容。要做到这点，就需要教师们摒弃之前一些旧的教学观念和方法，依据翻转课堂要求的新理念、新方法来教授学生知识，并在不断的教学实践中运用各种技术手段提升自己的课堂教学效果。

## 二、微课在高校财会教学中的应用

### （一）微课的概念及特征

#### 1.微课的概念

我们知道传统的教学资源大多是以课时为单位，这样就造成了资源的过大、过长以及主题和特色不突出的问题。而使用频率最高、需求程度最大的资源类型则是能直接解决教与学实际问题的资源，这就是由我们常用的教学资源类型组合产生的新型资源类型——微课。

微课的全称为"微型视频课程"，是指以视频为主要载体记录的教师围绕学科某个知识点、例题、习题、疑难问题、实验操作等进行的简短、完整的教学过程，是"解惑"而非"授业"，主要特点是"小（微）而精"。通常面向中小学的微课在5~8分钟，面向大学的微课在10~20分钟。

微课的核心资源是"微视频"（教学视频片段），同时可包含与该教学视频内容相关的"微教案"（教学设计）、"微课件"（教学课件）、"微习题"（练习测试题）、"微反思"（教学反思等辅助性教与学内容）。"微视频"时长一般为10~20分钟；"微教案"是指微课教学活动的简要设计和说明；"微课件"是指在微课教学过程中所用到的多媒体教学课件等；"微习题"是根据微课教学内容而设计的练习测试题目；"微反思"是指执教者在微课教学活动之后的体会、反思、改进措施等。

2.微课的特征

现在的高校大学生是现代智能手机、移动数码产品使用的主流群体，而这在日常生活中就肯定会无形中改变着他们的阅读和学习方式。如果他们在课后会利用这些电子设备浏览教学内容的话，那就是一个很好的与课堂教学对接的方式；自然这也是课堂教学的一种延伸，同时也是一种新型的教学模式。

我们知道随着多媒体技术的发展，这几年来高校教育信息资源建设在精品课程建设与视频公开课建设方面投入了很大的精力，也取得了不错的成果。但是我们也发现了一些不足，比如不管是精品课程的视频，还是传统意义上录制的教学视频（每节课45分钟），或者是其他类型的教学视频，除了上课教学以外，很少会有学生在下课后去浏览观看这些视频进行学习和课后复习，其利用率非常低，导致这种情况的原因主要是视频容量太大。这就造成了以下3个结果：①移动下载学习费用学生很难承受；②影响网速，让人失去等待的信心；③讲解的知识点过多，让学习者失去耐心。

对比之下，我们的微课就把它的网络优势显示无遗了。微课具体有如下特点。①主题突出，目标明确。微课的重点就是简化传统教学，主要是围绕课堂知识的某一个知识点或者重点、难点等来进行教学，相对的教学目标就比较单一，教学内容也比较精简，教学主题就会更加突出，教学目标更加明确。②资源多样，情境真实。微课是以整合了"微教案、微课件、微习题、微反思"等内容的短小"微视频"为核心的。③短小精悍，使用方便。微课大多数是5~8分钟的视频，容量一般不超过20Mb，比较小，格式一般均为支持网络在线播放的格式，如ASF、RM、FLV、MP4等，教师与学生可以在线观看或者下载保存到手机等各种多媒体数码终端设备上，从而实现随时随地远程听课和个性化互动学习，使用非常方便。

我们知道一般传统的教学视频或者精品课程视频大多在45分钟以上，知识点很多，而学生为了一个知识点的学习常常需要把这整段视频看完，这样很容易就让学习者失去耐心。虽然现在的高校学生基本都会利用智能手机等产品随时上网获取他们所需要的信息，但是因为时间以及费用等的限制，他们浏览的视频都是短小精悍，并且目的性很强的。而针对某一个知识点的解疑制作出来的微视频刚好能解决这些问题，并且在辅助知识点讲解与巩固方面起到了重要作用。用微课来辅助我们在教学过程中对重点、难点等知识的讲解，和传统的教学对比，教学效果明显有所提高。

**（二）微课在高校财会教学中应用的作用**

1.优化课堂教学

微课的主要表现形式是微视频。微课可以贯穿在整个财会教学课堂中，不论是课堂导入、课堂知识点讲解还是课后总结，都可以采用微课教学。微课教学可以更好地激发学生的学习兴趣，使枯燥的财会课堂变得活泼有趣。

大学财会教学课程中，学生对会计知识掌握程度不同，针对这点，教师可以有针对性地制作微视频，使学生在课后也可以观看视频，巩固课上学到的知识。微课教学对导入新知识极为有效，老师为微课制作的微视频新颖且有趣，并且制作精美，以此作为课前导入材料，可以极大地激发学生的学习兴趣，从而导入新知识。而对于课上一些比较难理解而又需要学生们掌握的知识点，教师还可以将这些内容集中整理，利用微课有针对性的特点，对学生进行重点教学，有效集中学生注意力，提升教学质量。微课虽然是一种新的教学模式，但还是以传统教学模式为基础的。因此，教师必须对微课及传统教学做好过渡衔接，不仅要在课堂中体现微课的新，还不能忘了课堂上占主体地位的仍然是学生，并且，要对微课教学配备适合的课堂探究讨论活动，这样才能更好地发挥微课的作用，提升教学效率。教师还可以将难点、重点知识以微课形式表现出来，加上图表等辅助说明，使学生更直观地理解知识点，融会贯通。单在课堂上学习的会计内容是远远不够的，会计学习需要更大的环境，这就需要教师在课程设计上多添加一些课外内容，拓宽学生的知识面，使学生对会计学习有一个更全面的理解。

2.提升学生自主学习能力

在当今的在线教学中，微课教学已经成为一种主要方式。利用互联网的共享性，学生可以随时随地观看教师制作好并上传到网络上的教学视频。相较以前，学生可以更灵活地进行自主学习，提高了学习热情和效率。

我国课程改革的目标就是提高学生的自主学习能力，通过课程改革改掉学生被动的学习方式，鼓励学生积极主动地自主学习，从而激发学生学习的兴趣和探究欲望。这不仅是课改的目标，也是我国选拔未来人才的标准。微课较传统课堂时间缩短了很多，并且内容有针对性，且由于互联网的便利性，只需输入关键词就可以轻易搜索到有关内容，十分方便；另外，微课的时长通常控制在十分钟以内，这也符合学生的身心发展特点，因为大多数学生集中注意力的时间也差不多在十分钟左右；录制的微课视频具备视频的一般功能，可以随时暂停播放，这就大大方便了对知识掌握程度不同的学生，学生可以根据自身的学习情况和接受程度控制视频的速度，增强学生自主学习的兴趣。而且，微课内容由教师上传到网络之后，学生不再受时间、空间限制，可以随时随地想学就学，学习方式更加灵活自由，极大地调动了学生自主学习的积极性，并且为学生能够自主学习提供了一个良好的平台，学生学习知识再也不用只在教室这一个地方了，可以在寝室、食堂或者饭店等各种场所，随时随地观看视频自主学习，如果遇到不会的重难点内容还可以通过对视频的反复观看加深印象，直到全部理解，有利于学生掌握好每个细小的知识点，并逐步提升自己的会计专业知识水平。除此之外，教师还可以准备由学生自己独立完成的微课，提前给学生布置好需要自学的内容，学生了解到这些任务后自主学习课程内容，老师可以在之后的课堂中对学生的自学成果进行检验，学生也可以自行检验自己的自学效果。

由此可见，微课是一门可以极大促进学生自主学习的课程，通过微课这种形式，学生也可以更好地实现自主个性化学习。此外，微课的移动化、碎片化特点，又方便了学生在课后随时随地对自己掌握不扎实的知识点进行复习，可以有效拓宽学生的知识面，使学生更加灵活方便地进行自主学习。

微课模式相比传统授课模式而言，对教师的要求更为严格，因为微课内容少了课堂的束缚，变得更为开放。这就要求教师不仅要掌握制作微视频的技术和手段，还要掌握在互联网中分辨良莠信息的能力，选择一些真正对会计学习有用的信息。这些都需要教师拥有一定的技术手段和付出一定的时间，不免会加大教师的压力。

3.提升教师专业素质

微课制作过程是一个极度浓缩产生精华的过程，往往需要反复推敲、修改，直至完善。微课是一个可以在很短时间内展示成果的课程。因此，在制作过程中，教师需要反复查看视频内容是否符合自己的教学内容并加以修改，还要不断学习充实自己，在微课中加入更多的课外内容，这样才能准备一堂较好的微课。由此可见，微课对于加强教师自身专业技能具有促进作用，因为在制作微课的过程中，教师反复推敲，不断发现问题，从而反思自己，改进教学方法，学习新的教学观念，从而提升自身的会计专业技能。此外，微课还可以大大提升教师对信息技术的运用能力。教师通过制作微课，可以更好地熟悉信息设备，更加熟练地掌握信息技术的运用技巧，从而树立更具现代化的教学思想和理念。教师制作微课的过程本身就是一个不断反思与发展的过程，在这一过程中，教师不断提升自己的教学能力。微课可以通过互联网共享到全国甚至是全球的资源库中，教师可以通过互联网观看不同老师制作的视频，通过视频学习别人的教学内容和理念，彼此间再进行交流切磋。教师要善于利用微课这一教学模式，不断完善这一课程模式，使微课为大学财会教学做出更多的贡献，成为教师教学的重要手段。教师在课堂中推行微课模式也是深入贯彻《教育部关于全面提高高等教育质量的若干意见》的相关精神，推行微课模式有利于信息技术与大学财会课堂的融合，推动大学财会课程的发展和教师水平的提升。高校的财会教学若能充分发挥微课教学的优势，可以极大激发学生的学习兴趣，对财会学习产生浓厚的兴趣并快乐地学习财会课程，这也有利于为社会培养高素质的、具有良好财会专业能力的人才，为社会做贡献。

### （三）基于微课的高校财会教学实践

1.微课内容选取原则

（1）知识点为重点、难点

微课设计和应用具有针对性，有的放矢，目的在于解决教学中的重难点问题，体现价值性。在技能型知识点教学中，重点是培养学生的会计基本技能，掌握会计核算方法，而难点是技能和方法具有抽象性。

（2）以技能型知识点为主

微课在技能型知识点教学上有独特的优势，学生可以随时看、重复看、选择看。而对于需要长时间持续探讨的课程，或是对复杂解题过程的讲解，微课便不能达到较好的效果。

（3）内容具有可分解性

微课是碎片化学习环境下的产物，主要是针对某个知识点或教学环节而设计构建的，短小精悍，时间一般控制在10分钟以内。在选择内容时要考虑内容的可分解性，即该内容是否可以分解成知识单元，是否可以进一步分解成若干知识点。比如，在《会计学原理》教材中，有些内容就不适合做成微课，更适合教师用传统课堂教学。

2.开展微课的原则

开展微课的原则有以下两个方面：在选题方面，坚持以微课的基准为原则；在目标体系方面，以著名的布鲁姆体系为主要标准。

3.教学策略及主要途径

微课是在以学生自主学习为基础，以启发式教学为主要策略的基本构造上开展的。而在启发式教学中，老师通常采用多种方法来激发学生学习的潜能，以提高其对问题的理解和分析能力。同时，还能推动学生之间进行积极的合作，以促进其养成"合作共赢"的先进意识，对其未来的发展产生举足轻重的影响。而实现这些目标的主要途径则是创设情境、设置问题等。

4.微课脚本设计

脚本是一种根据特定的样式而编写的文体类型，是一种具有特殊性质的表现性语言。进行脚本编写必须遵循以下原则：学科严谨性原则；针对性和具体性原则；语言表达精准得体原则；注重趣味性原则。在实践过程中，教师可以在进行专业新生具体学习情况分析的基础之上，与企业人员相互合作，依靠大家的共同力量对脚本进行设计。

5.微课教学过程中出现的问题

（1）部分学生学习自主性差

某些学习者对微课学习资源的利用率不高，经常出现下载之后没有充分利用起来等现象，而且在微课结束后出现某些学习者以微课的幌子在软件中进行聊天、上网娱乐的非学习行为。因此，导致学习者在使用微课进行学习的道路上偏离了正确方向，甚至对课前预习形成不重视的态度。当然，如果在此时教师及时给予适当的提醒、警告，学习者对其的态度可能会有所改变，但需要强调的是，必须对其进行时刻提醒。除此之外，学习者进行微课预习的过程中还存在着一定的障碍，而这些障碍主要体现在思维方式方面，即学生在学习过程中已经形成了"寻求教师帮助"的定向思维，从而使学习者运用科技手段来解决有关学习问题的思维难以形成。

（2）小组合作不积极

在普遍情况下，实验组通常采用小组合作的模式来解决相关问题。然而，还是存在着一些不容乐观的情况。比如，仍有少部分的学习者缺乏学习的主动性、积极性，导致其不能跟上大多数人的步伐。同时，还存在着另外一类情况，即团队中的某些成员运用微课进行课前预习存在某些障碍，从而导致其无法与其他成员进行密切的配合，这就决定了这个团队无法达成理想的预期效果。除此之外，团队中还有相当一部分人由于性格的差异，导致他们即使已经对知识点有了准确的把握，仍然难以积极融入集体的共同话题中去。当然，并不能因为该缺陷是由学习者本体造成的而对此类行为置之不理。对此，有关学者提出了具体的解决措施：进行小组成员的重整；重视学习成员主体间的差异性、层次性；考虑将这类学生作为发言的重点人物来进行培养。

此外，据统计，有少数学生在具体实践中指出了一些视频演示的不足之处：演示者的普通话水平不达标、存在画质不稳定的画面、执行人员太过死板、学习氛围太过沉闷、微课测试水平过低、例题范围与学习者实际学习范围不符。当然，以上问题中的大部分已经陆续得到了解决。

# 第五章 新形势下高校财务会计课程改革

本章为新形势下高校财务会计课程改革。第一节为新形势下高校财会教学面临的困境；第二节为高校财务会计课程改革的重要性和方向；第三节为高校财务会计课程改革的思路与途径。

# 第一节 新形势下高校财会教学面临的困境

## 一、高校财会专业师资队伍建设存在问题

在信息化时代，时代的不断进步也要求教育工作者改变传统教学方式，将信息技术与教学相结合，适应新时代发展。但是，就我国财会师资队伍建设来说，仍然存在诸多问题。

### （一）财会专业师资力量薄弱

由于20世纪90年代后期高等院校进行招生制度改革，实行大幅度扩招，总体上看，这导致了我国高校生师比与发达国家相比严重失调，教师资源严重缺乏。相关调查显示，截至2019年，我国高校学生与教师的比例大约是17：1，也就是说，每17个学生平均有1个老师。而有关报道显示，世界上大多数国家或地区的生师比例在6～10：1之间；三分之一的国家和地区学生与老师的比例在11～15：1左右；学生与老师比例高达16～25：1的国家或地区仅有15%左右；相对来说大多数发展中国家的教育发展水平是落后的，它们的生师比例竟然超过了25：1。在教育水平领先的发达国家，如美国，在其最顶尖的10所高校中平均生师比例可达6.73：1；随着教育水平的逐渐下降，其生师比例逐渐升高。而近些年，会计专业作为较热门的专业，生源较多，许多高校会计专业的招生规模较

大。在校学生数量急剧增加，师资缺口也日益明显，生师比例比其他许多专业都高，导致高校会计教师授课以及指导学生等工作强度和压力过大，难以适应新形势下高素质会计专业人才培养的需要。

### （二）财会师资队伍缺乏高素质领军人物

针对我国高等院校会计专业的发展水平，其师资队伍无论是受教育水平还是在职人员数量，都有悖于教育事业高速发展的现实需要。而高水准会计教师人数缺乏和学术性、创造性人才的缺乏，也进一步限制了会计教育的发展。这种不足主要表现在：第一，留学人员数量偏少，学术成就不高，很难在国际舞台上产生影响力，国际学科领军人物极为罕见，教师的国际学术竞争能力亟待提高；第二，一些高校不重视对教师的培养和规划，使他们局限于理论教学中，缺少对先进知识钻研的动力和进行思维创新的勇气，从而很难成长为学术领域领军人物；第三，目前高校教师各种竞争和科研压力加大，致使一些教师目光短浅，过分追求眼前的片面利益，并没有真正投身于学术研究的决心与耐心。所有这些都不利于会计学科的健康发展。

### （三）财会教师教育理念落后

从目前的情况看，一些高校会计教师知识更新速度不够快，缺乏综合的知识体系和创新思维。部分教师意识上仍旧以"教师为中心"，教育观念上以"传道、授业、解惑"为主导，这种偏向专业对口，注重以教师为媒介、以课本为知识来源进行课堂教育的理念使学生往往局限于接触单一的专业知识，创造力和主体性都没能得到开发，从而在一定程度上阻碍了知识的传播和发展。在这种强调考试成绩、轻视实践能力的落后教育理念的影响下，学生往往为追求好成绩拼尽全力，却是个行动上的弱者。很明显，这种传统教育观随着时代的进步、社会的发展，已很难适应经济、社会、科学技术综合化、整体化的发展要求。在知识加速更新换代的新时代，会计专业的相关法律、行为规范等也会随着时代的变迁和科学技术的发展有相应的改变。而此时如果教师闭目塞听，便不能将新知识、新理念传播给学生，从而桎梏了学生的发展，也就在一定程度上阻碍了这一行业的发展。因此，改变教师的教学理念，使他们顺应时代的变化，时时更新知识和教学技巧是一项长远而又艰巨的任务。

## 二、信息化时代财会专业课程体系研究存在不足

信息化时代的到来和互联网知识的普及，在使人们的思想和生活发生相应

改变的同时，也对社会经济的发展产生了不可磨灭的影响。当然会计行业也不例外。在这个竞争与机会并存的大好时代，会计行业的相关工作人员只有不断汲取新的知识、更新观念，才有可能把握发展时机，以更好的姿态投身互联网时代会计发展的潮流中。

通过对我国会计学专业课程体系现状研究的文献进行检索分析，以及对各个高校会计学专业培养方案及其课程体系和课程设置进行查阅统计，我们发现以下几个问题。

## （一）缺乏专门的会计学课程体系研究

经查阅发现，专门研究会计学课程体系的文献非常少，一些涉及该问题的研究也多是在专业培养模式、学科建设或质量工程建设等问题研究之中顺带研究课程体系问题。这说明大多数相关领导、学者及教师不太重视课程体系的专门研究。可能的原因主要包括两点：一是领导不熟悉具体教学课程体系而多关注培养目标、模式等导向性问题，教师关注具体课程教学研究但不关注整个课程体系的研究；二是相关研究者大多认为课程体系是和培养目标、培养模式有着密切联系的问题，从属于二者，并且课程体系是培养模式的直接实现方案——专业培养方案（或计划）的重要组成部分，不宜或不必要进行单独研究。

其实这个认识是有偏差的。首先，课程体系是实现培养目标、贯彻培养模式导向的具体实施体系，它不是简单地从形式上去迎合培养目标，也不仅是按培养模式及课程设置模块去随意把各类课程拼凑在一起。课程体系应该是以一个培养目标贯穿始终，在培养模式的导向和模式化要求下把各类课程联系在一起，形成一个前后衔接，基础课和专业课、理论课与实践课相互融合，必修课与选修课相互配合，课内学分要求与课外实践活动学分要求相互支持的一个有机体系。所以，一个好的课程体系是有生命力的体系。其次，课程体系一般随着培养方案的修订会进行相应修订，大多高校是以四年为一个周期进行这项工作，在专业培养方案修订的四年内一般是不会改变课程体系具体设置的。但社会环境在变，学生在变，最重要的是会计学的专业环境在不断变化并且知识更新的速度越来越快，如果课程体系的具体内容及其实施方案四年完全不变，其实是违反教学规律的。课程体系并不仅仅是一个实现培养目标、实施培养模式的机器，而应该是一个"有呼吸"的有机体，在大方向和主要核心内容不变的情况下，在一个修订周期内应该根据环境变化出陈纳新，以适应形势的变化，培养更符合社会需要的会计人才。

所以，现在除了几所著名大学或重点大学在课程体系建设上有自己独特和适合本校发展的体系外，其他高校基本都还在摸索。而且在对课程体系普遍共性问题的研究缺乏的情况下，对课程体系进行独立研究不是不必要或不适宜的，而是非常必要和非常急迫的，即应使课程体系研究成为大家广泛认可的一个独立研究方向，其研究不仅是必要的，而且是非常重要的。

### （二）课程体系的优劣缺乏评价标准

各个高校在建设课程体系上根据自己的特点和条件做了很多努力，形成了自己的风格，并且在培养合格会计人才上取得了不少有价值的经验，也或多或少取得了应有的效果。但也应该看到，这种特点和风格更多是表现在形式上和某些功能上，课程体系的实施效果好或不好缺乏一个合理的评价标准和机制，更缺少调研分析及实证检验的过程；对于做得好或不好，大部分评价基本靠感觉或依据几个大家认同的指标，如课程模块的结构形式是否合理，课程配置、衔接形式是否合理，具体课程的教学效果、就业率如何等。而在课程体系的知识整体运用、各类课程相互支持和融合、理论实践课程融合方面需要通过课程体系的实施重点关注的基础问题，倒是没有多少研究。只有专门开展课程体系研究，才能解决这些关键问题，使课程体系真正成为实现培养目标和实施培养模式的重要工具。

### （三）课程体系的研究流于形式

目前，仅有的一些专门进行课程体系研究的成果，大多是就事论事，关注课程体系中课程模块的比重问题及实践课程模块的比例是否合理，专门对理论体系模块进行研究或专门关注实践课程体系结构，很少能意识到课程模块及其比例构成只是课程体系的形式。而课程模块之间的有机联系以及课程体系实施后对学生知识结构及能力结构的影响，才是课程体系研究的本质问题、关键问题。

## 三、会计信息化人才培养存在问题

### （一）会计信息化理论缺乏

我国现有的财务理论、方法等是在传统财务手工操作的模式下形成的，会计信息化理论匮乏。会计信息化的知识体系也仅是技术方法的汇集，对会计信息化的指导性不足。理论的缺失导致政策落后，进而使相关的法律法规等发展滞后，致使企业推行会计信息化有所顾虑，制约了会计信息化的发展。在信息化时代，信息已经成为投资的资本，逐渐获得经济界的广泛认可。在这个有形资产与无形资产都具备的经济社会，信息资产已经悄无声息地占领了一片江山。例如，制作一个网页链接就相当于创造了一个互联网虚拟企业，网络中任何形式的企业都可以实现跨国信息沟通，为其从事跨国贸易提供了可能。但当前对信息的价值衡量仍没有统一的标准，其主要观点有以下两个：一种观点是信息资产的"域名"是同实体企业的商标、专利、名誉等性质和价值均相似的一种无形资产，应以无形资产的计量方式来衡量它的具体价值；还有一种观点认为，由于这项资产主要是建立网址所产生的费用，因而应视为企业的一项递延资产。这只是会计信息化理论缺乏的一个缩影。

## （二）信息技术应用能力差

会计信息化模式下，财会人员既是会计信息系统的使用者，同时也是系统的维护者。会计信息系统是一个人机对话系统，人居于主导地位，会计信息系统的运行需要高素质的财会人员。所以，必须提高财会人员的素质，让财会人员具备与会计信息系统相适应的思想观念和熟练的计算机操作技能，以及数据库、网络技术、计算机软件设计等一系列新技术和新知识。

## （三）不能满足会计信息化人才的培养要求

我国会计信息化人才的培养要求是培养高层次会计人才和创新型会计人才。

所谓高层次会计人才，一是指既懂外语，又熟悉计算机操作，有实际工作能力及组织才能，善于公关的人才；二是指懂得经营管理，能运用会计信息协助企业管理者进行筹划决策的开拓性人才。而对于创新型会计人才，目前，教育界普遍认为，衡量创新型会计人才的基本指标有以下四点：①是否有较宽的知识面和丰富的会计理论知识；②是否富于想象，并具有灵活性和全面性的思维方式；③是否具有好奇心与开拓性的探索精神和严谨务实的工作作风；④是否有强烈的创新意识。

在实行会计信息化的企业中，财务人员的知识结构必须从传统的财务信息模式转向会计信息化。而现在一些财务人员底子较薄、新知识接受能力较差，限制了会计信息化在我国发展的前景以及会计信息系统在企业的普及和有效利用。在会计信息系统中，企业的财务人员利用计算机程序和数据库来编制外部用户所需要的财务报告仍是他们负责的独特任务。更重要的是，财务人员应更善于解析和拓展系统输出的信息并用于重要的决策，提供对基层经理和职员的业绩控制有用的信息。

## 四、职业道德教育未得到重视

目前，我国高校对会计专业学生，普遍存在对专业知识教育非常重视，而忽视会计职业道德教育的问题。无论是在课程设置上，还是在教材内容上以及教学过程等方面，都存在着一些问题；或者即使一些高校开设了会计职业道德教育课，也基本上流于形式，并未取得实质性效果，具体体现在如下几个方面。

### （一）会计职业道德教育课程设置欠缺

随着我国社会主义市场经济的不断发展，会计专业作为有很大社会需求的专业得到了较大的发展，许多高校纷纷新增会计专业或者扩大会计专业的招生规模。在此背景下，高校会计专业的教学计划反映了突出专业课程、提高职业素质的主导思想，而在职业道德教育课程设置上则普遍存在不足。目前，我国部分高校没有设置专门的会计职业道德教育课程，而会计专业领域在很多方面都需要会计人员做出自己的职业判断，就更需要会计人员有坚定的道德信仰，严格遵守职业道德。

会计专业有关职业道德教育的内容主要涉及与其相关的法律、法规知识，从形式上由三部分组成：公共基础课的思想道德和法律基础、专业基础课和专业课中的部分章节、学生管理部门的检查与指导。三种形式的职业道德教育具有相对的独立性。但就大多数会计专业院校来说，仅在会计学习的初始阶段安排有限的课程来对职业道德及相关法律法规进行学习，根本无法达到培养目标。下面以实例来进行说明。

有关社会研究发现，广州地区的会计专业院校中，一些学校并没有对学生的职业道德培养和相关法律法规教育予以重视，因而没有安排专门的学习课时，而个别学校虽然在课程安排中加入了有关职业素养的培养和有关法律知识普及的选修课，但鉴于其具有一定的选择性且教学内容大都没有系统的理论知识库，因而也很难达到理想的教育目标。除此之外，极其少数院校会在学生毕业参加工作之前安排短期的有关培训，但其时间仓促，又未能将学生的专业知识与社会现实真正联系在一起，因此效果欠佳。在会计从业资格考试加入对相关职业道德及法律法规知识的考核之后，一些学校也有针对性地对课程进行了相应的调整，但这种以应付考试为目的做出的改变，也仅限于适应考试而已，尤其是现在会计从业资格考试已经取消。在这种情况下，当学生步入社会，参加会计工作以后，如果碰上涉及职业道德的问题就很可能会无所适从，而此时如果又有利益诱惑，一旦学生做出不恰当的行为，那么学生的人生便从此失去了光芒，失去其应有的社会价值。在缺乏职业道德及相关法律知识普及的社会背景下，一些学生由于意志力涣散很容易被眼前利益蒙蔽做出对社会和企业不利的事情，同时也会失去自己光明的未来。

### （二）营造培养会计职业道德的氛围不够

目前，我国的伦理学理论对道德的认识存在一个根本性的误差，占统治地位的伦理学理论认为道德是约束人们行为规范的总和，而没有认识到道德不仅是约束人们行为的规范，而且也是个人自我实现的手段和完善人格不可或缺的组成部分，对道德本质的认识偏差直接影响到道德教育的形式与内容。职业道德水平直接受个人道德水平和价值观的影响，它们是职业道德教育的基础。在大学基础教育中应通过有关基础教育，反复诱导、灌输社会道德和规范，以对学生品德的培养起到潜移默化的作用。价值观是后天形成的，是通过社会化培养起来的，家庭、学校等群体对个人价值观的形成起着关键的作用。目前，在我国各大院校会计专业的课程安排上，虽然在公共课程中均普遍开设了相关的伦理道德课程，如"思想道德修养与法律基础"课程，但实际上在教和学两方面都流于形式，其实际效果并不尽如人意。

总体而言，大部分高等院校没有营造一种良好的培养会计诚信与职业道德的氛围，其现有的会计职业道德教育在一定程度上只突出了道德的规范约束作用，只重视告诉学生应该怎么样和不应该怎样，但是忽视了会计职业道德不仅是对会计从业人员的约束和限制，也是对会计从业人员的肯定。其主要体现在学校忽视对学生会计职业道德素质的考评，各高等院校在对学生的考核和评价过程中，主要是以各门专业课程成绩是否合格作为其能否毕业的基本依据。学生专业课程成绩既是评价学生在校期间表现状况的基本指标，也是学生评定奖助学金、评优、入党的基本条件，还是用人单位聘用毕业生关注的主要内容。由于过分强调学生各门专业课程的考试和考核成绩，从而忽视对学生综合素质的考核和评价，使得学生在校学习过程中过分看重专业课程考试成绩，忽视会计职业道德及综合素质的培养。这对培养学生的会计职业道德观念十分不利，最终使学生对会计职业道德没有具体的概念，更难以让学生树立职业道德观念。

### （三）会计专业学生缺乏实习和社会实践机会

一直以来，因为会计与财务资料的重要性使得许多单位不愿意给学生提供实训的机会。尽管大部分高校给会计专业学生开设了社会实践课程，但因为该专业的特殊性，很多单位难以接受较多的学生参加实践与实习，从而使这种校内的会计社会实践课程有点流于形式，导致学生在高校读书期间缺乏"真刀实枪"的实践机会。而高校大部分会计专业教师或许有着精深的学术知识，但却普遍缺少相应的社会实践经验，其本身对会计职业道德的认识和理解就不够深刻，导致会计专业的学生难以将书本上学到的理论知识结合实践具体运用，缺乏对专业的"感性认识"和对会计职业风险性和多样性的深度理解，从而使学生埋下遵守职业道德自觉性不够高的隐患。因此，高校难以很好地履行对学生进行会计职业道德建设的责任，而把这些责任推向社会，极有可能让学生在将来违反会计职业道德等。

# 第二节　高校财务会计课程改革的重要性和方向

## 一、高校财务会计课程改革的重要性

### （一）满足市场经济发展要求

进入新时期，市场经济得到了快速发展，高等教育与市场经济的互动性、关联性更强。为了满足高等教育、市场经济的发展要求，高校财务会计专业在教育教学上也应该进行相应的调整，只有不断改革课程设置，创新教学方法，完善专业知识体系，建立完善的实践体系，才能有效地提高学生的综合素质以及分析、解决问题的能力，使学生为社会经济发展做出自己的贡献，推动市场经济的发展，将高等教育推向一个新的高峰。

### （二）提高学生的操作能力

以往的高等教育偏重于理论层面，对学生操作能力的培养存在欠缺，解决和改善该问题已成为高校的重要课题。而要提高学生的操作能力，除了要从思想层面转变对财务会计及教学的认知，还需要进行教学方法的创新。只有保证思想、行动并行，才能使理论联系实践，提高高校财务会计教学的科学性，进而提高学生的操作能力。

## 二、高校财务会计课程改革的方向

财会专业课程设置应按照"知识、能力、素质一体化"的思路进行，尤其是要提升学生的综合素质。

### （一）满足社会发展对专业人才培养的要求

第一，从国际上看，社会科学技术的发展，促进了人才培养模式、目标的变革。考察近代世界教育状况，受经济和社会发展环境的影响，人才培养模式经历了三个过程。一是知识传授的过程，二是能力培养的过程，三是素质培养的过程。素质培养是伴随着人类社会向信息化时代迈进、高新技术向生产和生活方面挺进、经济发展的加速和竞争的加剧而提出来的。然而，尽管世界上有的国家较早提出了素质培养的问题，但并没有很好地实践，或者说还停留在少数人的一般议论上，因此，素质培养仍是当今国际教育界面临的一个共同的问题。

第二，从国内看，加强学生素质教育已成为当今教育界的热点。1985年，中共中央在《关于教育体制改革的决定》中就已指出："改革的根本目的是提高民族素质。"1987年，党的十三大报告又指出，要"提高整个民族的思想道德素质和科学文化素质"。1993年，《中国教育改革和发展纲要》第27条指出："教育改革和发展的根本目的是提高民族素质。"1996年，党的十四届六中全会把"提高全民族的思想道德素质和科学文化素质"作为精神文明建设的总的指导思想之一，并对其进行了具体化。在贯彻党的决议的过程中，高等教育界开展了教育思想观念的大讨论。针对高等教育中"过窄的专业教育，过弱的人文教育和过重的功利导向"问题提出的如何实施素质教育，如何按知识、能力、素质构建新的人才培养模式的议题成了这次教育思想观念大讨论的热点。1999年6月15日，党中央、国务院召开了第三次全国教育工作会议，在这次会议上，发布了《中共中央国务院关于深化教育改革，全面推进素质教育的决定》，该决定论述了全面推进素质教育的26条具体措施，把推进素质教育作为党中央、国务院加快实施科教兴国战略的重大决策。

第三，从高等教育界看，"智能教育模式"向"素质教育模式"发展已成为趋势。所谓智能教育模式，是注重传授知识，培养学生智力和重视实践应用，培养学生能力的教育模式。应该说，从我国20世纪50年代重知识传授，发展到后来重能力培养，已经是一个巨大的进步。然而，这种"智能教育模式"还存在着"重专业轻人文、重核算轻管理、重理论轻实务、重技能轻法制、重技术轻道德"的现象。这些现象在财会专业课程体系中表现为：课程知识结构狭窄；对企业环境和活动要素的全面教学力度不足；在进行案例教学、开发学生智力、培养学生创新能力方面还很薄弱。这些问题与21世纪高层次管理人才培养的要求极不适应。

### （二）适应财会专业人才综合素质培养的要求

财会专业学生毕业后往往从事重要的经济管理类工作，所以对其综合素质的培养就显得尤为重要。财会专业学生综合素质应包括以下几个方面。

一是政治素质，包括坚持党的四项基本原则，坚持邓小平理论，树立正确的世界观、人生观和价值观，弘扬爱国主义精神，发扬艰苦创业的传统，掌握处理经济问题的科学的方法论。二是职业道德素质，具体分为六个层次，包括职业标准、职业思想、职业态度、职业责任、职业作风、职业纪律等。三是文化素质，分为三个层次，包括知识层次、品质层次、态度层次。四是业务素质，包括经济管理类业务知识、会计理解能力和财务分析能力。五是身体及心理素质，包括应具备的体质、情感、意志、性格、气质和能力等。

# 第三节　高校财务会计课程改革的思路与途径

## 一、高校财务会计课程改革的思路

财会专业的课程模式应转为以学生为中心，以需求为动因，以问题为基础，进行发现式、探索性的学习。以往的教学，绝大部分是面对面地教授，在学生对将要学的内容几乎一无所知的情况下，要他们提出相关的问题，无疑是相当困难的。因此，我们在每一门课程开始之前，应先给学生一个整体认识，然后再分部分讲解。在学生已有一定的专业基础后，大二时先开设为期二周的"计划"课。我们可以要求学生设想自己作为企业的高层管理者，描述自己的新产品，进行企业与市场分析，制定营销、财务、人力资源等方面的策略并做出书面与口头的报告。通过这个短课程，既可以使学生了解职业界对财会人员能力的要求以及自己对财会课程的要求，又可以培养学生的团队合作与沟通能力。在此基础上，我们可开设中级会计、市场营销、人力资源管理、财务管理等相关的课程，让学生针对自己两周时间内所发现的问题快速补充"营养"。当然，这种短课程的开设并无参考教材或范本，在学生整体减负的趋势下，也不允许我们在这上面花太多的时间，所以，更为现实的做法是鼓励学生利用假期做一些企业的调查实践，到一些部门（如税务、财政、金融部门等）去实习。作为教师，则应在授课时多结合一些实际的案例，或许这也能起到类似的作用。

我们应充分利用现代网络技术，使授课变为学生直接面对真实的事件，进行真实的核算、决策、咨询，而教师在其中起到一种中介作用。这样，学生的学习将会变成主动的、自发的要求，而不再是被动地接受。不过，这需要企业的大力配合，需要教师对相关的知识比较熟悉，同时，由于信息技术的快速发展，已有许多大学尝试利用国际互联网络、电子邮件或闭路电视来进行远程教学。这些做法一方面可以降低成本，另一方面又大大增加了学习时间的机动性。

## （一）教学内容的改革

教学内容是教学的基本要素之一，在教学过程中占有重要的地位，是教学活动的客体，对教学的质量和教学的效果起着重要的决定作用。在教学内容的改革中，教学大纲、教材及辅导教材的建设是主要内容。

所以，我们应该调整教学大纲和课程结构，突出分析、管理、决策的思想，改革教学内容。由于财会课程的知识性、技能性较强，学生从事财会工作面临着理论与实务的衔接，我们应本着"先易后难、先原理后实务、先基础后专业、先核算后分析"的原则制订教学计划，修订教学大纲，补充教学内容，使财会课程的教学符合认识规律，与选修课和后续课既不重复又不脱节。

在教学大纲方面，应制定科学、完整的教学大纲，并不断进行补充和修订，使教学大纲内容完备，与先修、后续课程关系处理得当，进度和教学环节的安排科学合理。在财会课程教材方面，从1993年的《通用会计学》，到1997年的《中级财务会计》，再到2003年的《中级财务会计（第2版）》，基本适应了我国会计制度的改革和发展，也适应了企业对财会人员的知识结构和内容的需求。同时，学习指导书和实验教材等辅导教材也要进行适时的更新。

## （二）注重财会教学手段的更新

在教学手段上，财会课程的多媒体课件在教学中的使用能取得令人满意的教学效果。此外，财会实务教学软件通过互动性教学，可以大大缩短学生认知会计核算过程、掌握会计核算方法的时间。同时，财会课程教学开展多层次、多形式的教学活动，包括传统课堂教学活动、仿真实验、计算机互动软件实验、Power Point（幻灯片）教学、财务会计专业实习等，都能显著改善教学效果。

### （三）注重财会教学方法的改革

随着社会经济的发展，教学思想和教学手段有了较大的改变，世界上许多国家在教学方法上有了较大的革新和变化，出现了一些新的教学方法和手段。国外教学方法颇具代表性的有：发现教学法、问题教学法、范例教学法、择弥教学法、暗示教学法、程序教学法等。我国财会教育者应坚持教书育人，探索教学规律，更新教学内容，不断改进教学方法，提高教学水平。根据授课对象和章节内容可采用的教学方法有：①课堂教学方法，包括讲授法、讨论法、实验法、案例研究法；②现场教学方法，包括参观法、调查法、实习法；③自学方法，包括阅读法、练习法；④科研训练方法，包括学科研究法、一般科学法。

例如，在讲会计凭证、账簿和报表时，可以利用来自现场的"观摩资料"进行现场展示，将学生划分成若干"会计小组"，在授课教师的指导下，具体办理从取证、制证到登账、编表的工作。这种课堂"实验法"的应用，既能活跃教学气氛，又能增强学生对所学知识的认识和理解程度。

### （四）注重引入时事财会相关案例

在教学中应注重会计案例的使用，培养学生主动思考和决策的能力，帮助学生成为决策者。这种思想应贯穿教学的始终。在教学过程中，可以使用一些企业的实例，模拟现实环境，以激发学生的学习兴趣。通过现实案例，学生可以感觉到学财会并不枯燥，会计活动就在我们的周围，与我们的生活息息相关。在教材和练习题中可以引用一些有名的公司真实的数据资料。这些为大多数人所熟悉的公司名称可以使教材更加生动，并且能更方便地说明会计在企业中的作用。

### （五）注重考试制度的改革

财会课程考试应从教师独自命题转变为完全由题库出题、集体阅卷，实现教、考分离，提高教学效果，有条件的高校可将财会实务操作和卷面分数相结合。

### （六）重视实践课程，优化教师队伍

要培养出高素质的学生，一支训练有素的高素质教师队伍必不可少。建设高水平的教师队伍也是课程改革的重要内容。在课程改革中，首先要进行教师队伍的改革，教师队伍能力与素质的高低直接影响课程改革的成败。对于提高教师队伍的素质与能力，行之有效的办法就是给教师施加一定的压力，让他们时刻有危

机感与紧迫感，使他们自觉地不断努力学习新知识，紧跟时代的步伐，对个别态度不认真、不思进取、学生反映极差的教师，一定要进行相应的惩罚，否则将会严重影响改革的质量。当然，高校也要为教师创造良好的学习环境和条件，如派出进修学习、定期开展教学讲座、聘请高级学者来校培训等。总之，为了保证课程改革工作的顺利进行，需采用各种方法努力打造一支业务素质高、相对稳定、工作能力强的高素质实践教师队伍，使财会实践教学大踏步前进。

**（七）加强对实践教学条件的重视**

教育部近年来连续出台相关文件强调实施"实践教学改革与创新计划"。进行实践教学课程创新，首先要加强实践教学基地的建设，要重点建设一批管理规范、条件优良、运行稳定的大学生校内外实习实践教学基地。这是保障高校教学质量提高的重要举措，是改进与完善高校实践教学的必要条件。在高校财务会计课程改革中，各高校要积极编制好相关建设规划，争取获得政府财政资金支持，加强校内外实习基地建设，积极改善实践设施条件，为学生获得良好的实践机会、提高综合素质创造良好条件。

**（八）建立科学合理的学生考核体系**

由于现实条件的要求，面临毕业的学生一般会忙于考研或者找工作，而会计实践课程却大都在此阶段进行。在这种情况之下，就必须建立科学合理的学生考核体系，确保每个学生都能真正参与到实践教学中，这样才能更好地保证实践教学质量的提高。

## 二、高校财务会计课程改革的途径

高校应根据会计结构的新变化、会计新的发展领域，全面设置相关课程，加强会计战略与策略的研究、经营风险与会计风险的研究、信息技术知识的应用。在具体操作上，可通过开设专业讲座的形式来完成上述内容的学习。不过，这也要求教师在这些方面深有研究。财会课程不仅需妥善运用资讯科技，同时亦需与经济学、管理学、心理学、社会学及统计分析等领域相结合，使学生具备科技整合的能力，以适应实务界的需求。

不论财会课程改革的方式如何，其理念始终应该以财会教育的需求为依托，使其能确实掌握时代变化的脉搏。这不仅关系到整个专业未来的发展和前途，同时和中国国际竞争能力的提升也息息相关。财会教育的供给方——高校应如何应对财会教育趋势的挑战是值得我们深入探讨的问题。

财会课程改革应注重体现财会人才创新意识的培养和个性发展，主要表现在以下几个方面。

### （一）确立指导思想

在指导思想上，应全面贯彻党的教育方针，适应21世纪的要求，紧密结合实际，遵循教育规律，突出素质教育，注重能力培养，把学生培养成基础扎实、知识面宽、能力强、素质高的高级人才。

### （二）明确培养目标

在培养目标上，除政治目标外，要根据不同专业的特点制定不同的业务培养目标。具体来说：会计专业旨在培养通晓国际适用会计准则及现代会计管理方法，基础扎实、专业面宽、综合能力强的面向21世纪的高级财会人才，学生毕业后能够在政府部门、企事业单位、会计师事务所从事会计、审计和注册会计师业务以及财会教学与研究工作；财务管理专业旨在培养掌握现代理财理论，从事资本经营、制定财务战略和政策的跨世纪高级理财人才，学生毕业后，能够在各类企业金融证券、资产管理、社会保险保障等部门从事理财工作以及本学科教学与研究工作；注册会计师专门化专业旨在培养掌握注册会计师基本理论、基本方法和基本技能，通晓国际适用会计准则、审计准则、现代会计管理方法，熟练运用外语和计算机，具有良好职业道德的高级人才，毕业生在取得执业资格后，可以在会计师事务所从事注册会计师业务，也可在政府部门、企事业单位从事会计、审计业务以及财会教学与研究工作。

### （三）创新培养模式

在培养模式上，可采用"厚基础、宽口径、强能力、高素质"的人才培养模式。按照这一模式，学生应当具有扎实的外语基础、数学基础、经济学基础、管理学基础和计算机基础；系统掌握会计学的基本理论和基本方法，通晓国际适用会计准则和现代会计管理方法；接受会计方法和技巧方面的基本训练，具有较强的实际工作能力；具有较强的语言和文字表达能力、获得信息和人际沟通能力以及分析和解决会计问题的基本能力；了解本专业的理论前沿和发展动态，掌握文献检索、资料查询的基本方法，具有一定的科学研究能力；具有良好的政治思想品德和职业道德。

### （四）优化课程体系设置

在课程体系设置上，高校应加大选修课的比重，以便于突出人才培养和个性发展，调动学生的积极性。课程体系是教育培养目标和教学内容的具体体现，课程体系是否科学合理，在一定程度上反映了高校专业教育的水平和发展趋势，为了使高校财会专业为社会输送更多的高素质财会专业人才（包括注册会计师人才），高校的财会专业应该设置以下几方面的课程。

1.基础课程

这部分课程主要有以下几类：①经济管理类课程，包括政治经济学、宏观和微观经济学、经济管理学等内容，其目的在于使学生了解一般经济规律和经济知识；②法学类课程，包括法学基础、经济法、税法、国际商法等内容，目的在于提高学生的法律素养，增强其遵守财经法纪的自觉性；③语文类课程，包括汉语、外语、经济应用文写作等内容，目的是使学生具备较强的阅读理解和写作表达能力；④工程技术类课程，包括机械工程基础、电子计算机基础与应用、工艺流程等内容，目的是使学生了解和掌握企业工艺生产过程和有关的应用技术；⑤数学和方法类课程，包括哲学、逻辑学、高等数学等内容，目的在于训练学生逻辑思维能力和分析问题的能力。其中，外语和计算机类课程的课时应占相当的比重，使学生打下坚实的外语基础和计算机应用基础。

2.专业课程

这部分课程内容主要包括：基础会计、财务会计、高级财务会计、成本会计、财务管理、审计、会计（审计）电算化以及会计法律规范和职业道德等，其目的是使学生熟练掌握较系统全面的财会专业知识和实际操作技能。

3.跨学科相关课程

这部分课程内容主要包括：税收、货币银行学、证券投资学、市场学、公共关系学、商务谈判学等，其目的是拓宽学生的知识面，提高其适应市场经济变化的应变能力。

总之，高校财会专业所开设的课程，既要满足学历教育的要求，又要充分体现职业资格教育的要求，并覆盖注册会计师资格考试的内容，只有这样，才能使高校财会专业教育达到为社会培养高素质财会人才特别是具有创新能力的财会人才的目的。

# 参 考 文 献

［1］ 王红丽. 互联网时代高校财务会计教学的改革与思考［J］. 财会学习, 2021（9）：174-176.

［2］ 张祯珍. 信息化环境下的高校财会管理创新研究［J］. 现代营销（经营版）, 2020（11）：210-211.

［3］ 刘梅. 高校会计信息化建设的创新路径探究［J］. 大学教育, 2020（11）：156-158.

［4］ 许颖. 信息化环境下的高校财会管理创新研究［J］. 商讯, 2020（27）：45-46.

［5］ 陈定君, 宋海湖. "互联网＋"教育对传统教育的挑战和机遇［J］. 科学咨询（教育科研）, 2020（8）：63-64.

［6］ 吴晶晶. 信息化视角下高校财务会计工作质量提升研究［J］. 行政事业资产与财务, 2020（13）：30-31.

［7］ 何雨谦. "互联网＋"教育背景下高校财务会计课程智慧教学改革模式研究［J］. 湖北开放职业学院学报, 2020, 33（13）：141-142.

［8］ 汪精辉. 现代信息化教育技术在学科教学中的应用探究［J］. 信息记录材料, 2020, 21（4）：113-114.

［9］ 李耀贵. 互联网教育模式应用研究［J］. 天津科技, 2020, 47（3）：69-71.

［10］ 侯玉莲. 现代信息化教育技术在教学中的应用研究［J］. 科技资讯, 2020, 18（5）：130-131.

［11］ 王春丽. 高校财务会计课程智慧课堂教学模式的应用研究［J］. 营销界, 2019（51）：265-266.

［12］ 万生新. 高校高级财务会计教学中的立体化教学法分析［J］. 陕西教育（高教）, 2019（12）：28.

[13] 叶婷. 高职信息化教育与传统教育的优势互补 [J]. 现代职业教育, 2019 (32): 298-299.

[14] 尹国英. 浅谈传统教育与信息化教育的融合 [J]. 校园英语, 2019 (31): 204.

[15] 王婷婷. 高校财务会计教学创新分析 [J]. 纳税, 2019, 13 (20): 117-118.

[16] 吴屏. 信息化背景下高校会计教学改革研究 [J]. 时代金融, 2019 (18): 136-137.

[17] 黎军. 高校会计信息化实践教学的设置及优化研究 [J]. 国际公关, 2019 (6): 128.

[18] 高幸. 高校会计信息化教学改革思考 [J]. 大众投资指南, 2019 (10): 296-297.

[19] 祁双云. 普通高校财务会计课程教学与实验改革研究 [J]. 当代旅游 (高尔夫旅行), 2019 (1): 296.

[20] 任慧敏. 财务会计课程教学方法研究 [J]. 知识经济, 2018 (24): 144-145.

[21] 朱慧. 高校财务会计课程研究型教学的实践探索 [J]. 中外企业家, 2018 (21): 186.

[22] 王怡文. 应用型大学财务会计课程教学改革探析 [J]. 时代金融, 2018 (17): 229-230.

[23] 谢解莲. 高校财务会计综合实训课程的改革与实践 [J]. 现代职业教育, 2018 (12): 120.

[24] 崔灿. 浅谈高校财务会计课程改革建议 [J]. 时代教育, 2016 (7): 65.

[25] 赵艳丽, 杨光. 高校财务会计管理与教学改革的思考 [J]. 科技创业月刊, 2010, 23 (3): 41-43.

[26] 易凌云. 互联网教育与教育变革 [D]. 武汉: 华中师范大学, 2017.

[27] 邵雪. "互联网+"时代我国高等教育发展研究 [D]. 济南: 山东师范大学, 2016.

[28] 蔺婷. 基于能力本位的高职《财务会计》课程设计研究 [D]. 太原: 山西师范大学, 2014.

[29] 王洪丽. 高职财务会计课程教学改革研究 [D]. 济南: 山东大学, 2012.

[30] 范若联. 信息技术对会计教育的影响 [D]. 沈阳: 东北大学, 2008.